마지막을 빛나게 하는

삶의 기술

마지막을 빛나게 하는 삶의 기술

| 김선호 지음 |

이담
Books

사는 것이 사는 게 아닐 때가 있다. 살다 보면 길을 잃기도 하고 이리저리 방황할 때도 있다. 삶이 삶이 아니다. 자신이 생각해도 꼴이 꼴이 아닐 때가 종종 있다.

살아가는 가치관이 급변하고 삶의 중심을 잡기가 점점 어려워지고 있다. 삶의 가치가 경제적인 생활을 중심으로 맞춰지고 있다. 많은 젊은이들이 경제적인 안정을 찾기 위해서 애를 쓴다. 세상을 살아가는 기초가 경제적인 것에 초점이 맞춰지고 있다.

이러다 보니 삶의 중심이 흔들리는 것은 당연하다. 경제적인 안정을 먼저 추구하다 보니 딜레마에 빠지게 된다. 안정된 직장을 구해서 생활하다 보면 삶의 의미라는 것이 타이어에 바람이 빠지듯이 탄력을 잃어 간다. 경제적 안정을 얻었지만 일하는 기계로 전락한 것이 아닌지 하는 마음의 갈등은 깊어만 간다.

과연 삶을 어떻게 살아야 하는가? 필자는 삶이란 역설적인 것에 가치가 있다고 생각한다. 남들이 모두 선망하는 길에는 길이 없다. 오히려 남들이 주목하지 않는 길에 자신이 걸어가야 할 길이 있다. 남들이 눈길 한 번 주지 않는 곳에 가치는 숨어 있다. 삶의 가치란 발견하는 자에게만 빛을 발하게 된다. 누구도 가르쳐 주지 않는다. 스스로 발견하는 것밖에는 없다.

삶에 있어서 좋고 나쁜 환경이란 없다. 때로는 좋은 환경이 재앙이 될 수도 있다. 부요한 가정에서 자란 청년에게 부요함이 오히려 치명적인 독으로 작용할 수 있다. 반면에 열악한 환경에서 성장한 청년에게 가난과 부족함이 오히려 성취욕을 자극할 수 있다. 과거의 부족했던 부분을 극복하려고 성실하게 노력하는 성인으로 자리매김할 수도 있다.

이렇게 볼 때 사람에게는 좋은 환경도 나쁜 환경도 사람의 인생에 있어서 결정적인 작용을 할 수는 없다. 중요한 것은 자신의 의지요, 결단이며 선택이다. 자기 자신이 어떠한 인생을 살 것인지에 대한 확고한 계획과 목표가 있다면 그 삶은 성공한 삶이며 영광스러운 삶이 될 것이다.

우리는 환경을 탓하는 데 익숙해져 있다. 자신도 모르는 사이에 불평과 불만의 언어가 입에서 넘쳐흐른다. 그러나 불평과 불만을 토로하면 할수록 그 불평이 말의 포로가 되어 버린다. 불만은 더 큰 불만만을 가져올 뿐이다.

삶은 선택이다. 어떠한 길을 갈 것인지에 대해서 어느 누구도 간섭하거나 관여할 수 없다. 자신의 길은 자기가 선택하는 것이다.

삶이란 좁은 길을 선택해 가는 과정이다. 좁은 길을 가야만 길을 찾을 수 있다. 넓은 길도 있다. 그러나 넓은 길을 따라가면 허무해진다. 끝까지 좁은 길을 걷는 자가 인생의 의미를 찾을 수 있다. 좁은 길을 걸어가라. 험하고 어렵더라도 좁은 길에서 인생의 의미를 건져 내라.

필자가 이 글을 쓴 것은 인생을 가치 있게 살고 싶은 분들을 위해서 얕은 스케치를 해 보았다. 밑그림의 모델들을 찾아보았다. 삶에는 정답이란 없다. 정답은 자기 자신에게 있다. 자기 자신이 무엇을 찾고 무엇을 추구하는지에 달려 있다. 그런 의미에서 나는 좁은 길에 삶의 의미가 있다고 생각한다. 좁은 길을 걷는 자가 삶의 열매가 무엇인지를 알게 될 것이고 맛보게 될 것이다.

　아무쪼록 이 글이 독자들에게 조금이나마 위로가 되고 격려가 되었으면 하는 바람이다. 살아가는 과정에서 지혜를 구하고 기도하면서 걸어간다면 분명 좁은 길일지라도 보람 있는 삶을 스케치할 수 있을 것이다.

　　　　　　　　　　　　　　－ 푸른 나무 아래에서 쓰다

목 차 Contents

제2부 좁은 문으로 들어가라... 71

제1부

삶이란 의미를 캐는 과정이다

행복해지는 비결은 쾌락을 얻으려고 한결같이 노력하는 것이 아니라
노력 그 자체 속에서 쾌락을 찾아내는 것이다.
—앙드레 지드(Andre Gide, 프랑스 소설가)—

1. 삶의 마지막에서 배운다

필자는 예전에 오프라 윈프리 쇼에서 '랜디'라는 박사에 관한 내용을 시청한 적이 있다. 현재 그 내용이 '마지막 강의'란 제목의 책으로 출간된 것으로 알고 있다. 내가 당시에 시청한 내용은 이러했다. 아직 40대의 젊은 랜디 박사는 췌장암 4기를 진단받은 상태였다. 그에게 주어진 살 수 있는 시간은 3개월에서 6개월이었다.

그런 랜디 박사는 사람들 앞에서 당당하게 "삶이란 긍정하며 꿈을 이루기 위해서 사는 과정"이라고 강의하고 있었다. 죽음을 앞두고 있는 사람이 보여 준 긍정적이고도 의연한 그의 태도는 사람들에게 충격을 주기에 충분했다.

그는 자신의 강의 마지막에서 강조하길 "이 강의는 많은 사람들을 위한 것이지만 특히 세 사람을 위한 것"이라고 했다. 자신이 죽고 이 세상을 떠나면 강의를 보게 될 자신의 세 아이를 위한 것이라고 말했다.

이 말을 듣고 있던 방청석의 많은 여성들이 눈물을 흘렸다. 자신이 죽고 떠난 후에 보게 될 강의, 아이들을 위해 준비한 강의라고 했다. 필자의 눈시울도 점점 붉어졌다. 새삼스럽게 살아 있다는 것에 대해서 감사함을 느꼈다. 아직도 남아 있는 시간이 있다는 사실에 대해서 삶의 귀중함을 느꼈던 시간이었다.

그러면 우리는 일상의 시간을 어떻게 보내고 있는가? 랜디 박사는 자신에게 남은 시간들을 충실하게 보내고 싶다고 말했다. 평범한 하루하루에 의미를 두고 충실하게 살고 싶다고 하며 마지막 시간들에 대한 애착의 뜻을 밝혔다.

그의 말을 깊게 새길 필요가 있다. 우리는 하루하루를 의미 있게 살아야 할 의무가 있다. 살아가되 깊이를 두고 살아야 한다. 하루, 순간순간들을 헛되이 보내서는 안 된다. 매 순간을 음미하며 현재를 깊게 살아가야 한다.

매 순간을 음미한다는 뜻은 무엇인가? 그것은 지금, 현재가 지닌 가치를 발견하고 그 뜻에 맞게 사는 것이다. 그러면 우리에게 가장 중요한 가치는 무엇인가? 우리가 가장 소중하게 생각하는 가치에는 어떤 것들이 있는가? 대답은 한 사람, 한 사람 모두 다를 수 있다.

우리 각자는 삶의 가치를 스스로 발견해야 한다. 자신이 보람을 느끼는 것이 무엇인지를 알고 있어야 한다. 그럴 때에만 의미를 느끼는 일에 삶의 전부를 쏟아부을 준비가 가능하다. 그래야만 후회 없는 삶을 살 수 있다.

2. 삶이란 의미를 찾아가는 과정이다

"의미가 없다는 말은 가치가 없다는 것이다." 프랑스의 철학자 장 폴 사르트르(Jean Paul Sartre, 1905~1980)가 한 말이다. 그렇다. 사람에게 있어서 의미가 없으면 가치 또한 확인하거나 부여할 수 없는 것이다. 지당한 말이다. 사람이 산다는 것은 삶에 대한 의미를 추구한다는 점에서 다른 생명들과 비교해서 가장 독특하다고 할 수 있다.

하지만 사람들은 점점 사람다움을, 사람됨을 결정하는 '의미'에서 멀어져 가고 있다. 너 나 할 것 없이 모두가 '의미'를 찾고 발견해 나가는 과정들을 생략해 가고 있다. 의미의 자리를 '만족'으로 대신하고 있다. '만족'이란 것이 좋은 뜻으로 사용되면 좋으련만 결코 그렇지 않다.

이 '만족'이란 개인이 바라는 진정한 만족이 아니라 사회의 공통된 가치들 중의 하나로서의 만족으로만 그치고 있다. 달리 이야기하자면, 경제적인 부를 쌓는 것, 우수한 학력을 갖는 것, 명예를 얻는 것 등등 모두가 사회의 공통된 가치를 얻으면 그것으로 만족하려는 현상에 빠져들고 있다.

이러다 보니 결과적으로는 자신이 느끼는 진정한 만족이 사라지고 그 자리를 사회적 가치로 대치하고 있는 실정이다. 그러나 진정한 만족은 지극히 개인적인 것이며 각자가 모두 같을 수는 없다. 다 다를 수밖에는 없다.

그런데 우리는 그 사회가 제시하고 있는 공통된 가치와 기준에만 매달려 살아가고 있다. 이렇게 사회가 제시하고 있는 가치를 추구한 결과에는 심각한 자기 확신이 결여될 수밖에 없다. 그곳에는 자신이 바라는 행복이란 없다. 따라서 그 결과에는 공허함이 깃들 수밖에는 없는 것이다.

이제는 각자 개인의 삶의 가치와 의미를 찾는 방향으로 선회할 때다. 자기 자신이 찾는 가치와 의미를 발견하지 못하게 된다면 마지막 시점에서 후회하게 될 것이니 말이다. 그렇다면 나는 무엇을 바라며 살고 있는 것일까?

3. 늙은 말은 길을 안다 – 노마지지(老馬之智)

　다기망양(多岐亡羊)이라는 말은 양을 잃고 나서 양을 찾아 나섰는데 갈림길을 가면 또 갈림길이 있어서, 양이 어디 갔는지 모르고 잃게 된 상황을 말한다. 이때 중요한 것은 길을 찾는 안목이 중요하다. 갈림길에서는 길을 아는 안목을 갖추어야 한다.

　중국 제나라 환공 때의 이야기이다. 환공은 많은 군대를 거느리고 고죽국이라는 작은 나라의 정벌에 나섰다. 그러나 길이 너무 험하고 좁았기 때문에 매우 어려움이 컸다. 더구나 내린 눈은 온 길을 덮어 버렸고, 안개가 자욱해서 한 치 앞도 내다보지 못하게 만들었다.

　이윽고 모든 군대가 오도 가도 못하는 신세가 되어 버렸다. 그런데 안개가 걷히고 나서 주위를 살펴보니 완전히 절벽이었고 그 밑에는 수백 길의 계곡이 나타났다. 한 발자국만 잘못 디디면 수백 길 낭떠러지로 떨어질 참이었다.

　병사 몇 명을 보내 길을 알아 오도록 해 봤지만, 그 병사들은 도중에 낭떠러지로 떨어졌는지 돌아온 사람이 없었다. 환공은 정말 답답했다. 그래서 몇 번이나 전체 회의를 열어 보았지만 도무지 신통한 방법이 나오지 않았다. 이때 유명한 재상이었던 관중이 며칠 동안 곰곰이 무엇인가를 생각하더니 이윽고 입을 열었다. 그는 부하를 불러 이렇게 묻는 것이었다.

"싸움터에 많이 다녀 본 늙은 말이 있느냐?"

그러자 부하가 대답했다.

"한 마리가 있습니다. 늙어서 힘은 부족하지만 여러 번 싸움터에 나갔던 말입니다."

관중은 그 말을 찾아오라고 시키고는 "이 늙은 말을 수레에서 풀어 놓아라. 그리고 모두 이 말을 따라 천천히 행군하라."고 명령했다.

말은 잠시 이곳저곳을 살피다가 이윽고 한 방향으로 걷기 시작하였다. 이후 늙은 말은 사람들이 생각지도 않던 엉뚱한 계곡의 산길을 조심조심 걸어가기 시작했다. 말은 천천히 바위와 나무 그리고 냇가를 더듬거리며 앞으로 갔고, 병사들이 그 뒤를 못 미더워하면서 따라갔다.

군사들은 이 말을 따라가 비로소 길을 찾을 수 있었다. 늙은 말은 고향으로 가는 방향을 직감적으로 알고 있었던 것이다. 그제야 이 늙은 말의 지혜에 놀라게 되었다. 그러면서 관중에게 물었다.

"대감께서는 어떻게 그 말이 길을 알 것이라고 생각하셨습니까?"

그러자 관중은 이렇게 대답하였다.

"여러 번 싸움터에 다녀 본 경험 많은 말은 사람보다 길에 대해 아는 것이 많은 법이다."

그렇다. 안목은 사물을 보는 시선이며 길을 알아보는 눈이다. 길을 알아보는 안목은 똑같은 길을 보더라도 어떤 길이 어느 지점으로 연결되는지를 알아보는 눈이다. 길을 안다는 것은 결국 전체를 꿰뚫어 볼 수 있는 능력을 의미한다. 삶 전체를 보는 능력이 결국 길을 알고, 길을 열게 만드는 열쇠다.

이제 삶의 전체를 바라보는 관점들을 살펴보아야 한다. 삶은 하나하나의 의미들이 모여서 가치 있는 삶이 된다. 인생 속에 깃든 의미를 새롭게 음미하자.

4. 자연은 아름다운 것부터 꺾는다

　최영미 시인은 선운사에서라는 시에는 꽃이 지는 허무함을 잘 드러냈다. 꽃이 피는 과정은 더디고 힘들어도 지는 것은 잠깐이다. 사람은 힘겹게 인생의 꽃을 피우지만 지는 것은 순간이다. 그녀의 시를 함께 읽어 보자.

> 꽃이
> 피는 건 힘들어도
> 지는 건 잠깐이더군
> 골고루 쳐다볼 틈 없이
> 님 한 번 생각할 틈 없이
> 아주 잠깐이더군
>
> 　　　　　　　　최영미 －선운사에서－ 중에서

　삶에 대한 노력은 오래도록 쌓아 올리지만 무너지는 것은 한순간이다. 허무하게 무너지는 것도 순간이다. 삶은 무심할 정도로 순식간에 무너져 내린다.

　≪아직도 가야 할 길≫의 저자인 세계적 심리학자 스콧

펙은 이렇게 말했다. "세상은 우리를 행복하게 해 주려 애쓰지 않는다." 정확한 말이다. 세상과 자연은 우리를 행복하게 만들려고 노력하지 않는다. 살아간다는 것은 냉정한 세계 안에서 위로받지 못하고 걸어가는 길이다. 이 사실을 먼저 직시해야 한다. 꽃이 피고 잎이 나면 보호받지 못하고 홀로 성장해야 한다. 자연은 인간이 바라는 행복과 무관하게 대하는 것처럼 보인다.

노자의 ≪도덕경≫에는 "천지불인 이만물위추구(天地不仁, 以萬物爲芻狗)"라는 구절이 있다 흔히 이 말은 "천지가 어질지 않아서 만물을 추구(풀 강아지)로 여긴다."라고 해석한다. 이 '추구(芻狗)'는 풀로 만든 강아지로 제사 때 만들어 쓰고는 아무 데나 버린다. 천지의 자연은 어질지가 않아서 만물을 풀 강아지로 여긴다는 뜻이다. 필자의 삶의 경험으로도 이 구절을 바라보자면 참으로 옳은 이야기다.

몇 년 전 겨울이었다. 새벽까지 눈은 소리 없이 내렸다. 내가 사는 작은 시골 동네에도 많은 눈이 내렸다. 자고 일어나니 세상이 온통 하얀 빛깔로 바뀌어 있었다. 자동차를 운행 못 할 정도였다. 차도와 인도를 구분할 수 없었다.

눈이 그치고 날이 좀 풀린 후에 산에 오를 기회가 있었다. 눈 쌓인 산에 올랐을 때 숲에서 뭉뚝한 파열음이 들려왔다. 뚜~~욱, 뚜~~욱! 날카로우면서도 묵직한 소리가 가끔씩 들려왔다. 주변을 살펴보니 나뭇가지들이 눈의 무게를 이기지 못하고 부러지면서 나는 소리였다.

　이후 산에서 만난 많은 소나무들은 눈의 무게를 견디지 못하고 가지가 부러져 있었다. 큰 소나무의 가지들은 작은 소나무보다 더 많이 부러져 있었다. 눈은 솔잎이 많고 튼튼한 가지 위에 제일 많이 쌓였고 결국 육중한 눈의 무게를 견디지 못하여 큰 가지들이 부러지고 만 것이다.

　그때 깨달았다. 자연은 잘나고 건강한 나뭇가지들을 먼저 부러트린다는 것을. 자연은 뛰어난 것, 잘난 것부터 꺾어 놓았다. 탁월한 것, 멋지게 올라간 것, 아름다운 것부터 먼저 꺾는 것이 자연이었다.

　이처럼 자연은 뭇 생명의 사정을 봐주지 않는다. 우수하고 아름답다고 봐준다는 법이 없다. 모두를 똑같이 대한다. 똑같이 대하되 탁월하고 아름다운 것을 먼저 빼앗는다. 이것이 자연이었다.

5. 허무주의가 문제다

자연은 결코 어질지가 않다. 각 개인의 어려운 상황들을 생각해 주지 않는다. 삶에서 일어나는 사건들은 예고 없이 발생한다. 문제는 우리 주변의 일들을 어떻게 받아들이느냐가 관건이다.

하루는 병원 응급실로 한 사람이 들어왔다. 고속도로를 고속으로 질주하던 자가용의 뒤 타이어가 펑크가 난 것이었다. 고속도로에서 펑크가 나면서 차는 심하게 회전을 했고 급기야 뒤집어졌다. 운전자는 치명적인 상처를 입고 응급실로 들어왔다. 이 운전자는 미국에서 장기간 유학생활을 끝내고 귀국해서 집으로 돌아가는 길이었다. 집으로 돌아오는 길에서 기다리고 있던 것은 치명적인 사고였다.

필자가 경험한 병원이라는 곳에는 언제나 이러한 사건들의 연속이었다. 병원이란 불행한 사건들의 집합소 내지는 박물관이라는 느낌을 받은 적이 한두 번이 아니었다.

큰 교통사고를 당해서 응급실로 들어오는 사람들, 그토록 건강하다가 뇌졸중으로 갑자기 쓰러진 아버지들, 끓는 물에 부주의로 인해서 온몸에 화상을 입은 어린아이의 울음소리…….

일상은 잔인한 일들로 이루어져 있었다. 그래도 아무 일도 없었다는 듯이 삶은 계속 진행되었다. 이렇게 본다면 삶은 너무도 잔인하다.

문제는 이러한 치명적인 사건이나 사고를 계속해서 접하게 되면 허무한 감정이 한꺼번에 오곤 한다. 필자가 가장 치명적으로 두려워하는 것은 삶에 대한 허무주의다. 계속해서 지켜보는 잔인하고도 이해할 수 없는 사건, 사고들을 바라보고 있자면 "삶은 과연 어떤 의미가 있는 것일까?"라는 질문과 더불어 마음이 공허해지곤 했었다.

6. 희망을 잃어버리면 다음은 죽음이다

필자는 병원에서 원목으로 일하는 동안 많은 분들의 사건, 사고를 지켜볼 수 있었다. 한 번은 오랜 시간을 두고 한 남자, 이진구 씨(가명)와 사귐을 갖게 된 적이 있었다. 혈액투석으로 인해서 투병생활에 많은 어려움을 겪고 있던 분이었다. 이진구 씨는 복수가 차오르면서 병원에서 오랜 시간은 투병해야만 했다. 성격이 급한 탓에 주변사람들과 자주 다툼을 일으키기도 했다.

이진구 씨는 전직 약사로서 남부럽지 않게 생활했었다. 하지만 혈액투석이라는 투병이 시작되면서 생활은 엉망이 되어 갔다. 자신이 경영하는 약국도 정리했다. 경제적 어려움이 가중되었고 이렇게 하나씩 기울어져 가는 삶 속에서 견디기 힘든 것은 희망이 없는 미래였다.

이진구 씨에게 혈액투석은 완쾌란 없다는 사실이 가장 절망적인 현실이었다. 투석환자는 평생을 병원에 매여서 생활해야만 한다. 병세가 좀 심하면 일주일에 3일을 꼬박꼬박 병원에서 혈액투석을 받아야 한다.

투석환자에게 자유란 없다. 모처럼 시간을 내어서 1박 2일의 여행도 쉽게 가지 못한다. 음식도 완전히 가리지 않으면 위험하다. 과일 한 조각도 심사숙고해야 한다.

이진구 씨는 어느 날 자신의 손목을 칼로 긋고 자살을 시도했다. 소주를 마신 후 병을 깨뜨려서 자살을 시도한 것이다. 다행히 자살은 불발로 끝났다. 아들이 일찍 퇴근하는 바람에 아버지를 발견하고 응급실로 달려왔다. 응급실에서 마주친 그의 눈빛은 내 눈을 피하고 있었다. 그의 손목과 팔뚝은 붉은 핏자국과 살점들로 엉망이었다. 응급실에서 의사가 잔인하게 찢긴 손목을 꿰매고 있었다.

가까이 가 보니 몸에서는 술 냄새가 진동을 했다. 미안한 마음이 들었을까? 그는 나를 보지 못했다. 내가 물었다.

"이진구 씨, 왜 그랬어요?"

"죄송해요."

그가 말을 흐렸다. 나는 그때 느낄 수 있었다. 그에게서 삶의 희망들이 풍선에서 바람 빠지듯 빠져나가고 있다는 사실을. 희망이 사라진 자리에 어두운 절망의 그림자가 드리우고 있다는 사실을 어렴풋이 직감할 수 있었다.

그 후로 병원에서 퇴원할 때까지 이진구 씨와 대화를 나눌 수는 없었다. 그가 나를 피했기 때문이다. 예전과는 확연히 달라졌다. 생기 없는 눈동자, 고개만 끄덕이는 체념한 모습, 삶에 대한 희망의 끈을 놓고 있다는 느낌을 받을 수 있었다.

투석생활을 하게 되면서부터 그에게는 사는 것 자체가 괴로움이었다. 이진구 씨는 이미 아내와 이혼한 상태였다. 집에 돌아가면 성장한 아들이 하나 있었는데 아들은 직장에 나가서 저녁에나 돌아왔다.

투석을 마치고 집에 돌아와 홀로 있으면 그곳이 바로 지옥이었다. 몸도 성치 않은 사람이 식사도 혼자서 챙겨 먹어야 했다. 투석환자는 식사를 주의해야 한다. 조금만 소홀히 하면 몸의 상태가 급격히 나빠지기 때문이다. 홀로된 환자가 식사를 준비한다는 것 자체가 고통이요 괴로움의 연속이었다.

그는 절망하고 있었다. 가끔 투석하는 날에 나는 병원에서 이진구 씨를 만나면 그에게 용기를 주는 말을 건네려 애를 썼다. 그때마다 그는 옅은 미소만 지어 보였다.

그러던 어느 날, 이진구 씨가 자살했다는 소식이 들려왔다. 날벼락이라는 것이 이런 것일까? 나는 그를 영안실에서 만날 수 있었다. 할 말이 없었다. 그의 시신 앞에서 한마디 허망한 말만 던지고 말았다.

"이진구 씨 이렇게 허무하게 가지는 말자고 했지요? 그런데 이게 무슨 일입니까?"

내 눈에서 조용히 눈물이 떨어졌다.

그때 어렴풋이 알 수 있었다. 사람은 사는 목적, 희망을 잃어버리면 생명을 포기하게 된다는 사실을. 어쩌면 그는 고된 육신을 벗어 버리는 것이 가장 큰 자유라고 생각했을지도 모른다. 고통 없는 세상, 지금 살고 있는 곳이 지옥이니 더 큰 지옥이 어디 있을까 생각했을지도 모른다. 그는 살아가는 이유를 더 이상 발견할 수 없었던 것이다. 살아가는 목적의 상실이 그를 다시는 돌아오지 못하는 세계로 데려갔다.

필자는 생각하게 된다. 그래도 자살로 생을 마감해서는 안 된다고. 사는 것이 힘들고 지옥 같아도 지옥에서도 살아야 된다고. 불편한 몸을 가지고 투병하는 생활은 불편하고 힘들다. 죽음의 불안과 두려움을 안고 삶을 견디는 것은 무척 어려운 일이다.

그래도 죽는 것은 순간이다. 죽는 것은 쉽다. 짧은 순간, 결심하면 모두가 죽을 수 있다. 사는 것이 더 어렵다. 그래서 산다는 것은 견디는 것이다. 괴로움을 견디고 고통을 인내하는 과정이 사는 것이다. 온갖 더러운 것을 뒤집어쓰고도 견디는 과정이 사는 것이다. 그렇기에 아무리 힘들어도 우리는 살아야 한다.

7. 삶의 의미를 물어라

고통의 의미와 살아가는 의미는 자기 스스로 만들어야 한다. 자기가 살아가는 의미는 어느 누구도 만들어 주지 않는다. 자기 스스로가 의미를 발견하고 붙잡아야 한다. 사는 과정이 잔인하다 해도 살아가는 의미를 발견해야 한다. 사는 의미를 발견하면 그 사람은 산다.

지금 당하고 있는 가장 큰 아픔은 고통 자체가 아니라 그 고통이 갖고 있는 무의미성에 있다. 고통이야 달게 받을 수도 있지만 그 고통의 심연에 아무것도 없다고 생각되면 고통은 더 커진다. 따라서 삶의 무의미성을 극복하는 과정이야말로 매우 중요하다고 하겠다. 각자의 삶의 심연 속에 도사리고 있는 무의미성을 극복해야만 한다.

그 누구도 사건의 의미를 가르쳐 주지 않는다. 오직 스스로 깨달아 극복해야 할 과제인 것이다. 고통스러운 사건에서 스스로 의미를 찾아야 한다. 불행한 사건 속에서도 특별한 의미와 혼을 불어넣어야 한다. 그 의무가 각자에게 있다.

자기 스스로에게 있다. 그것은 자기 자신의 몫이다.

윤가은(가명)이라는 분을 만난 적이 있다. 그녀는 하반신이 마비된 상태로 수년 동안의 세월을 누워서 생활했던 분이다. 그녀를 보았을 때 아직도 마음만은 밝아서 사건이 나기 전에 머물러 있는 듯했다. 그녀가 사고를 당한 사연을 듣고 필자의 마음은 더욱 먹먹해졌다.

사건의 이야기는 이렇다. 약혼한 남자 친구가 새벽까지 술을 마시고 윤가은 씨에게 전화를 했다. 술을 마셔서 음주운전을 할 수 없으니 집까지 데려다 달라는 전화였다. 새벽에 전화를 받고 일어난 그녀는 술에 취한 남자 친구를 집에까지 자가용으로 데려다 주었다.

그날 새벽 약혼자를 집까지 데려다 주고 새벽에 홀로 집으로 돌아오다가 사건이 발생한 것이다. 그녀는 잠시 졸음을 이기지 못했다. 차는 방향을 잡지 못했고 결국 큰 사고가 발생하고 말았다. 차는 폐차될 정도였다. 문제는 그녀 자신이었다. 그녀는 몸을 크게 다쳤다. 이 사건은 그녀에게 하반신이 마비라는 고통을 안겨 주고 말았다.

불행은 계속된다고 했던가? 처음 몇 개월은 그 남자 친구가 병실을 오갔다. 미안한 마음을 가지고 말이다. 그러다가 점점 시간이 지나자 남자친구는 슬며시 그녀를 떠나갔다. 하반신 마비의 약혼녀를 계속해서 만날 수 없다는 판단이 섰기 때문이었다.

그 후 그녀를 남겨 두고 남자친구는 다른 여자와 결혼을 해 버렸다. 그녀는 홀로되었고 수년째 구강암 치료를 받고 있는 나이 든 아버지와 함께 지내고 있다. 휠체어에서 생활을 해야만 하는 그녀에게 구강암으로 투병 중인 아버지와의 생활은 부녀에게는 가혹한 시련이었다. 그래도 아버지와 딸은 투병 중에도 서로가 서로를 돌보며 살아가고 있다.

왜 이렇게 선하고 아름다운 사람들에게 비극이 발생하는 것일까? 왜 설명할 수 없는 많은 일들이 우리 삶에 일어난다는 말인가? 필자는 병원에 있는 동안 많은 분들에게 이러한 질문을 받았다. 필자 또한 질문을 하고 대답해야만 했다. 이제는 그 질문에 대한 답변을 조금이나마 할 수 있겠다. 세네카의 말은 필자의 답변의 일부로 남고 있다.

> 왜 신은 하필이면 가장 선한 자를 질병이나 슬픔이나, 다른 불상사로 괴롭히는 것일까요? 군대에서도 위험한 일들은 가장 용감한 군인들에게 맡겨지게 마련이오. 장군은 조심스럽게 선발된 군인들을 보내 적군을 야습하고, 길을 정찰하고, 수비대를 몰아내게 하지요. 출발하는 자들 가운데 어느 누구도 "장군은 내게 못할 짓을 한 거야!"라고 말하지 않고 "장군은 나를 좋아하나 봐." 라고 말할 것이오. 마찬가지로 겁 많고 소심한 자들을 울리는 일을 참고 견디도록 명령받은 자는 누구나 "신은 우리를 인간의 본성이 얼마나 참을 수 있는지 시험하기에 알맞은 대상으로 판단했던 거야."라고 말할 것이오.
>
> 세네카, ─인생이 왜 짧은가─ 중에서

그렇다. 위안을 삼는다면 지금 윤가은 씨는 자신의 이런 상황들에 대해서 더 이상 불평하지 않는다는 것이다. 그녀는 보통 평범한 사람보다도 더 긍정적으로 자기 삶을 바라보고 있다. 찾아오는 사람들에게도 환한 미소를 보내곤 한다. 상황은 그녀를 불행으로 몰고 갔지만 그녀는 불행한 상황 속에서도 삶에 대한 의미와 가치들을 발견해 냈다. 그녀는 말한다. "지금 이대로도 충분해요. 제가 알지 못한 세계를 알았으니까요!"

8. 시련의 의미를 알려면 먼저 앓아야 한다

앓는다는 의미는 무엇일까? 앓는다는 것은 병을 얻게 되어 고통을 당한다는 의미만 있는 것이 아니다. 앓는다는 것은 무엇인가를 새롭게 알게 된다는 뜻도 포함하고 있다. 앓게 되어서 비로소 병듦의 원인을 알게 되는 것이다. 심하게 앓게 되어서 알게 되고 반성하게 된다. 삶을 잘못 살아왔던 부분을 알게 되고 고치게 된다.

일생을 자기고집으로만 살아온 사람은 쉽게 바뀌지 않는다. 특히 불필요한 버릇이나 좋지 못한 습관을 고치지 않고 평생을 살아온 사람을 바꿀 수 있는 방법이란 많지 않다. 그러나 오래된 습관이나 고집(固執)도 '앓음' 앞에서 눈 녹듯이 한 번에 녹아내린다. 병을 앓게 되면 스스로 깨닫게 되고 변하게 된다.

고집은 고통스럽게 '앓아야' 변화가 된다. 스스로 '앓는' 앓이라야 진정한 내적 변화를 몰고 온다.

남들의 충고로는 자기 고집의 뿌리까지는 변화시키지 못

한다. 그러나 한 번 심하게 앓게 될 때 변한다. 스스로 깨닫게 되고 스스로 온전히 돌이키게 된다. 신기하게도 돌이킬 때 비로소 알게 되는 것이다.

폐암으로 인해서 방사선 치료를 받던 이현진(가명)이라는 분이 있었다. 그의 나이 54세였다. 이현진 씨는 담배를 30년 이상 피워 오다가 어느 날 몸이 예전 같지 않아서 병원을 찾았고 검사를 받아 본 결과 폐암 3기라는 진단을 받았다.

이현진 씨는 말 그대로 골초였다. 하루에 2갑 반에서 3갑을 매일 피웠다. 그래도 건강에는 자신이 있다고 했다. 목수 일을 하던 그는 틈만 나면 담배를 피워 물었다고 한다. 필자가 그의 팔목을 만져 보았을 때 힘이 대단했다. 그는 폐암환자라는 사실이 무색할 정도로 힘이 좋았다. 하지만 시간이 길어지면서 그렇게 건강했던 그도 점점 야위어 갔다.

그는 폐암이라는 진단을 받은 직후부터 담배를 입에 대지도 피우지도 못했다. 아니 피울 수가 없었다. 죽음의 공포가 두려웠던 것이다. 하루도 빠지지 않고 30년을 피웠던 담배는 그날로 끊었다. 그는 담배가 얼마나 몸에 해로운지를 병을 앓게 되면서 알게 되었다고 했다.

그 후로 담배 냄새가 나는 곳에는 가지도 못했다. "그토록 고약한 담배를 왜 이제 와서 끊게 되었는지?" 하며 후회했고 돌이켰다. 이현진 씨는 심하게 앓고 나서야 알게 되었다. 너무 뒤늦게 끊게 되었다. 나쁜 습관이라고 생각되면

미리 끊을 수 있어야 한다. 앓고 나서 끊으려면 잃게 되는
것이 너무 많다.

9. 큰 사건, 사고는 '멈춤'의 신호다

평범했던 생활의 연속선상에서 사고를 만나게 되면 모든 것이 바뀐다. 사고가 나면 그동안 잘해 오던 일상의 것들을 모두 중단해야 한다. 병원에 입원해 있으면 그동안 해 오던 일들도 아무리 긴급한 일일지라도 멈춤의 빨간불에 의해서 정지되어 버린다. 말 그대로 올 스톱이다.

자기 자신은 일을 처리하고 싶다고 해도 그것은 바람일 뿐 일정한 시간 동안에는 아무것도 할 수 없게 된다. 아예 일 자체가 불가능한 경우도 있다. 따라서 '사고' 안에 담긴 뜻은 '멈춤'이라는 표시다. 지금부터는 쉬라는 뜻이다.

하늘은 우리의 삶을 뚫고 들어와서 '멈춤'이라는 사인을 주고 간다. 더 이상 전진하지 말고 '멈춰라, 서라, 거기까지다.'라는 신호를 보낸다. 이것이 사건과 사고 안에 담긴 뜻이다.

내가 만난 이진환 씨는 대학교수이자 알코올중독 환자였다. 대학 강단에서 가르치던 교수이면서도 술을 너무도 좋아했다. 당연히 간이 나빠져서 간경화로 이어졌다. 마지막에는 간암으로 발전했다. 김장환 씨는 말끝을 흐리며 "젊어서 술을 너무 많이 먹었다."라고 했다. 그의 지난 술에 관한 일화들을 듣고 있자니 그야말로 술독에 빠져 지냈다는 말이 적절할 것만 같았다.

그렇게 투병 중이었지만 그의 인상은 참 편안해 보이는 모습이었다. 그가 말했다.

"저는 대학 강단에서 가르치는 것을 가장 큰 기쁨으로 여깁니다. 빨리 나아야 강단에서 학생들을 가르칠 수 있을 텐데, 자꾸 몸이 더 나빠지네요."

"조금만 더 참으세요. 곧 좋아질 겁니다." 내가 대답했다.

사실 그의 몸 상태는 좋지 않았다. 이진환 씨에게 "당신은 길면 3개월 살 수 있으니 마음을 잘 정리하세요."라는 말을 하지 못했다. 오히려 위로의 말을 한다고 곧 좋아질 거라는 상투적인 말만 전했다. 이러한 죽음을 준비해야 할 상황이 닥쳐오면 딱히 환자에게 건넬 만한 말이 떠오르지 않는다. 죽음을 감내할 만한 분에게조차도 이야기를 건네기는 쉽지 않다.

이진환 씨는 최선을 다해서 길을 찾았다. 투병 중에도 경제적인 이유로 건강에 치명적일 수도 있는 대학 강의를 무리하게도 진행했다. 항암 치료 중에 들어가는 경제적인 부분과 유학 중인 딸의 경제적인 뒷바라지를 위해서는 제대로 쉴 수 없었던 모양이었다. 문제는 여기에서부터 위기가 확대되기 시작했다. 그의 건강이 걷잡을 수 없을 정도로 악화되어 갔기 때문이다.

이후에 내가 그를 만났을 때에는 이미 혼수상태로 빠져든 후였다. 점점 혀의 색깔이 검게 변해 갔다. 지독한 갈증을 느꼈지만 물을 삼키지도 못했다. 그는 마지막을 기다리고 있었다.

나는 그에게 "이제는 쉬세요. 일을 놓으세요. 일보다 중요한 것은 목숨입니다."라는 말을 하지 못한 것이 후회스러웠다. 내가 만약 충분히 쉬도록 설득했다면 그는 생의 마지막 시간을 잘 정리할 시간들을 갖게 되었을지도 모를 일이었다. 그는 그렇게 준비하지 못하고 떠나갔다.

우리 삶에 가혹한 투병 생활이나 사고가 발생하면 일상적인 행동들은 모두 중지해야만 한다. 일하려 해서는 안 된다. 암 선고를 받으면 그 순간 중요한 일도 포기할 수밖에 없다. 아니 포기해야 한다. 항암치료를 위해 병원에 입원해 있는 동안에는 모든 삶에 빨간불이 켜지고 정지의 신호등의 불빛이 들어온다. 그때에는 반드시 쉬어야 한다.

빨간불! 환자는 움직이고 싶고 일하고 싶어도 쉬어야 한다. 다행히 쾌유하여 퇴원한다 해도 일정 시간 동안에는 무리하게 일해서는 안 된다.

투병의 시간은 하늘이 그 사람에게 정해 준 휴식의 시간이기 때문이다. 하늘이 당사자의 삶에 직접 명령을 내리고 있다. "모든 것을 멈춰라." 그리고 "더 이상 전진하지 마라. 지금 이대로 충분하다."라는 메시지를 전달해 주고 있다.

이것이 투병이 우리에게 건네는 메시지다. 만약 지금 치명적인 질병이나 사고로 투병 중이라면 잠시 멈춰라. 일할 생각을 접으라. 투병의 시간은 어차피 쏜살같이 우리 곁을 지나가기 마련이다. 무리하게 움직이려그 하지 말자.

충분하게 쉬라. 일이 우선이 되게 하지 마라. 그 일로 인해서 당신의 생명을 헛되이 죽음의 제물로 줄 수 있기 때문이다. 이때에는 편안하게 휴식을 취하라.

10. 죽을 운명으로 인해 인생은 더욱 빛난다

"삶이 아름다운 이유는 이 세상에 죽음이 존재하기 때문이다. 그 죽음이 가진 그늘은 세상 모든 만물들을 더욱 귀하게 만든다. 죽음이 있기에 삶이 더욱 소중한 것이다." 생텍쥐페리의 말이다.

삶이 아름다울 수 있는 이유는 인간이란 존재는 언젠가는 죽을 운명이기 때문에 삶이 아름다운 것이다. 죽음의 한계가 삶을 소중하게 빛나게 한다. 죽음을 생각하는 삶은 시간을 헛되이 보내지 않기 때문이다. 마지막을 의식하며 살아가는 삶은 빛을 발현하기 마련이다.

사람에게 시간은 짧게 주어질수록 아쉽고 소중하게 여겨지는 법이다. 한 번 생각해 보자. 시간은 짧을수록 귀하게 느껴지는 법이다. 햇살이 길어지는 5월의 햇빛은 길기만 하다. 5월의 태양은 아침부터 영롱한 햇살과 빛을 발한다. 그렇게 찬란한 봄의 햇빛은 풀잎의 이슬 위에서 더욱 반짝거리며 황홀경을 연출하기도 한다. 필자도 그 빛깔에 매혹되어 가끔은 사진에 모습을 담으려고 카데라를 들어 보곤 한다. 햇살에 만물이 빛나는 순간은 너무도 짧다.

필자는 카메라를 들고 풍경을 담고 있으면 사진작가 고(故) 김영갑 씨가 자연스럽게 떠오른다. 김영갑 씨는 자연이 연출해 내는 순간을 '삽시간의 황홀'이라고 표현하길 좋아했다. 그가 느낀 자연은 너무도 짧은 순간으로 자연이 연출해 내는 황홀경은 삽시간에 스쳐 지나가 버린다. 그 짧은 순간을 담기 위해서는 마냥 자연을 기다려야 한다. 이렇게 기다리고 기다려서 '삽시간의 황홀'을 필름에 담아낸 사람이 김영갑 씨다.

> 한 번 실수하면 그 순간은 영원히 다시 오지 않는다. 특히 삽시간의 황홀은 그렇다. 잡념에 빠지면 작업에 몰입하기 힘들다. 눈 앞에 펼쳐지는 황홀함은 삽시간에 끝이 난다. 그 순간을 한 번 놓치고 나면 다시 일 년을 기다려야 한다. 일 년을 기다려서 되는 거라면 그나마 다행이지만 기다려도 되돌아오지 않는 황홀한 순간들도 있다.
>
> 김영갑. -그 섬에 내가 있었네- 중에서

그는 루게릭병으로 6년간 투병생활을 하다가 2005년 세상을 떠났다. 김영갑 씨는 1985년 사진 작업을 하던 제주도에 매혹되어 생활하다가 루게릭병이라는 진단을 받았다. 병원에서는 3년을 넘기기 어렵다고 말했다. 그러나 투병생활한 지 6년 만인 2005년, 병원이 말한 3년이라는 두 배의 시간을 더 살고 세상을 떠났다.

그의 육체에 가해진 루게릭병은 김영갑의 마음을 흔들어 댔다. 투병 중에도 김영갑 씨가 필름에 담아 보여 준 마지막 모습은 진정 '삽시간의 황홀'이었다.

> 오늘도 바람이 분다. 5년이 지났지만 계속되는 바람에 정신이 몽롱하다. A급 태풍 루게릭에 나의 육신과 마음은 망가지고 있다. 치료방법이 없기에 마냥 지켜볼 뿐이다. 혼란스러운 마음을 다독이며 평상심을 찾으려 할수록 마음은 얽히고설킨다. 밖에서 불어오는 바람은 쉽게 피할 수 있지만 내 안에서 부는 바람은 피할 방법이 묘연하다.
>
> 김영갑, -그 섬에 내가 있었네- 중에서

그의 예술 감각이 절정에 이르렀을 때 하늘은 치명적인 루게릭병이라는 천형의 벌을 주었다. 하늘은 왜 그랬을까? 그는 언제나 가난한 예술가였다. 필름이 떨어져 사진을 찍지 못하는 것을 가장 두려워했던 가난한 작가였다. 의료보험증도 없었다. 결혼도 하지 않았다. 그는 사진에 몰두하기 위해서 전화도 사용하지 않았다. 오직 자기 자신에게 진실한 풍경을 담으려고만 했다. 그런 그에게 하늘은 너무도 짧은 시간만을 허락했다.

그는 이렇게 말했다. "풍경을 찍으려 했던 것은 아니었다. 바람을 그저 마음에 담으려 했다." 그는 이처럼 바람이 만들어 내는 '삽시간의 황홀'을 담으려 했다. 제주도에서 스쳐가는 바람과 풍경들을 렌즈에 담으려 했다. 바람은 삽시간에 지나간다. 시간도 삽시간에 흘러간다. 인생도 삽시간이다.

> 사람들은 노을 사진을 찍을 때 해가 수평선 너머로 잠기면 카메라를 챙겨 돌아온다. 그러나 15분쯤 후의 노을은 더욱 장관이라는 것을 그들은 모른다. 그 황홀한 아름다움은 단 2~3분 안에 사라진다. 해가 솟기 20~30분 전의 청잣빛 하늘은 한겨울이 으뜸이다.

그렇다. 인생의 빛나는 순간은 저 태양이 떠오르는 순간처럼 삽시간의 황홀을 이룬다. 삶의 순간들은 삽시간에 날아간다. 영원은 어쩌면 저 '삽시간'에 깃들여 있을지도 모른다. '순간'은 영원이다. 찰나의 시간도 얼마든지 무한처럼 느껴지기도 한다. 자기에게 주어진 시간의 가치를 알게 되면 짧은 시간도 영원처럼 사용할 수 있다.

꽃은 단 한 번만 핀다

백무산

물이 빗질처럼 풀리고
바람이 그를 시늉하며 가지런해지고
봄이 그 물결을 따라
흔들리며 환한 꽃들을 피우네

새 가지에 새 눈에
눈부시게 피었네

꽃은 피었다 지고
지고 또 피는 것이 아니라

같은 눈 같은 가지에
다시 피는 꽃은 없다
언제나 새 가지 새 눈에 꼭
한 번만 핀다네

지난겨울을 피워 올리는 것이 아니라
지상에 있어 온 모든 계절을
생애를 다해 피워 올린다네

언제나 지금 당장 모든 것을
꽃은 단 한 번만 핀다네

11. 사람들이 원하는 두 가지는 돈과 시간이다

사람들은 시간과 돈이라는 두 가지에 집착하고 있다. 돈과 시간을 소유하게 되면 행복해질 것이라고 생각한다. 이러한 바람을 갖는다는 것은 어쩌면 당연하다.

그렇다면 돈을 많이 벌면 시간을 돈으로 살 수 있을까? 결코 그렇지 않다. 돈으로 시간을 살 수는 없다. 앨리슨 헤인스는 다음과 같이 말했다.

> 어느 순간에 이르면 추가로 생기는 돈이 큰 힘을 발휘하지 못한다. 부자는 재산이 늘어날수록 늘어난 재산의 가치를 느끼지 못한다. 특히 '부유한' 축에 끼는 사람들 중 실제 자신을 부유하다고 여기는 사람이 많지 않다는 사실이 재미있다. 미국에서 1993년에 실시된 조사에 따르면 연소득 2만 달러를 버는 사람과 6만 달러를 버는 사람의 행복에는 별 차이가 없다.

앨리슨 헤인스의 이어지는 말을 들어 보자. 그는 행복은 돈의 양과는 상관이 없다고 말한다. 오히려 돈이 많을수록 돈의 효과에는 한계가 있다는 것이 그의 지론이다.

돈과 행복 사이에는 '한계효용 체감의 법칙'이 있다. 돈이 많아질수록 추가로 들어오는 돈의 효과는 떨어진다는 얘기이다. 정말 목이 탈 때에는 물 한 잔이 너무 달지만, 두 잔, 세 잔 마시다 보면 만족감이 점점 줄어드는 것과 비슷한 원리이다.

앨리슨 헤인스,
- 시간, 돈, 행복(TIME MONEY HAPPINESS) - 중에서

그렇다. 돈이 가져다주는 행복감에는 분명히 한계가 있다. 따라서 돈에 집착해서는 안 된다. 돈에는 한계가 분명하다. 돈보다 소중한 것은 시간이다. 분명 시간이 돈보다 소중하다.

시간은 공평하다. 우리 모두에게 24시간이라는 시간이 새로이 주어진다. 시간은 아껴서 사용하는 자의 것이다. 시간은 누구에게나 주어지지만 그것을 다듬고 조각할 줄 아는 사람에게만 아름다운 삶의 열매가 주어진다. 시간을 다룰 줄 모르면 시간은 그냥 스치고 지나가기 마련이다.

나폴레옹은 "오늘 나의 불행은 언젠가 내가 잘못 보낸 시간이 보복하는 것"이라는 말을 남겼다. 시간을 잘못 사용하면 후회하는 나날들을 보내게 된다. 내게 주어진 시간은 곧 자신에게 주어진 영원한 선물이라는 사실을 기억하자.

정주영 현대 회장은 "시간은 누구에게나 주어지는 평등한 자본금"이라고 했다. 그는 생전에 청운동 자택에서 새벽 5시면 자식들을 집합시켜 아침을 같이 먹고 자녀들을 이끌

고 계동 현대그룹 본사 사옥으로 출근했다고 한다. 4~5시쯤 일어나 아침을 먹고 출근한 사람이 정주영 회장이었다.

시간은 돈보다 중요하다. 돈은 다시 벌 수 있지만, 써 버린 시간은 다시 오지 않는다. 시간은 우리 삶에 주어진 가장 희소한 자원이다. 시간을 지혜롭게 사용할 수 있어야 하겠다.

12. 잘 죽는다는 것은 어떤 의미일까

나는 많은 분들의 죽음을 보고 그들과 함께 죽음의 과정을 함께 동참했었다. 나와 함께했던 대부분의 사람들은 죽음 앞에 서면 두려움을 호소했다. 그것은 인간이면 느끼는 죽음에 대한 본능이었다.

한 번은 50대의 남자분이 임종을 앞에 두고 있었다. 돌아가시는 모습이 하도 이상하고 당황스러워서 원목인 나를 불렀다. 그분은 몸을 좌우로 흔들어 댔다. 정신 나간 사람의 모습으로 거대한 몸뚱이를 심하게 흔들어 댔다. 얼핏 보아도 상당한 체구였는데 그의 손은 침대에 묶여 있었다. 안쓰럽게 느껴졌다. 마지막까지 자신의 의지대로 움직이지 못하고 묶여 있는 모습이 애처로워 보이기까지 했다.

그는 침대가 들썩거릴 정도로 몸을 좌우로 심하게 흔들어 댔다. 마지막 모습이 너무도 힘겹게 느껴지는 시간이었다. "저기! 검은 것이 보여! 저기 뭔가가 서 있어! 저리 가!"라고 소리를 지르기도 했다. 무척 힘든 시간이었다.

그는 죽음 앞에서 두려워했지만 다행히도 비교적 빠르게 임종의 단계로 들어갔다. 그와 가족들을 위해서는 참으로 다행한 일이었다.

그렇다면 잘 죽는다는 것은 어떤 것을 말하는 것일까? 죽음 앞에 두려움을 못 느꼈다면 잘 죽었다고 할 수 있을까? 그렇지는 않다. 죽음 앞에 서면 모두가 두려워한다. 특히 삶의 수명을 다 채우지 못한 젊은 나이인 경우에는 더 그렇다.

폐암 판명을 받은 이미순(가명) 씨는 울면서 애원하듯이 내게 말했다.

"살고 싶어요. 두 다리가 잘려 나가고 한쪽 팔이 없더라도 살고 싶어요. 살려 주세요. 7살 아들을 생각하면 삶에 대해서 정리가 되었다가도 어느 순간 살고 싶다는 생각에 정신을 잃게 돼요. 우리 아들 초등학교 입학식을 보고 싶어요. 제가 떠나면 우리 아들은 어떻게 해요? 목사님, 살고 싶어요. 살려 주세요."

폐암 말기를 앓고 있던 35살 여인의 눈물의 호소다. 나는 이 소리를 들으며 내 고막이 찢겨 나가는 듯한 아픔을 경험했다.

그녀는 밤에 잠을 이루지 못했다. 통증도 여전했다. 호흡곤란으로 응급실로 실려 오기도 몇 차례. 그래도 작은 기적 같은 일이 일어났다. 그토록 사랑하는 아들의 초등학교 입학식을 볼 수 있었다.

죽음을 앞두면 대부분의 사람들이 두려움을 느낀다. 삶을 잘 살아왔든지, 아니면 엉망으로 살았든지 간에 모두가 두려움을 느낀다.

다른 점이 있다면 삶을 충실히 살았던 사람들은 죽음에 대한 두려움을 잘 받아들인다는 점이 다르다. 두려움을 받아들이고 자신의 운명을 받아들인다는 점은 분명히 달랐다. 잘 죽는다는 것은 결국 잘 산다는 것과 동일했다. 잘 살았다면 잘 죽을 수 있다.

62세의 이맹윤(가명) 씨의 경우는 그랬다. 죽음을 앞두고 심하게 흔들리던 모습은 다른 모든 분들과 같았다. 통증을 느끼면서 느끼는 죽음의 두려움 앞에서 심하게 흔들리고 있었다. 그러나 이맹윤 씨가 달랐던 점은 삶의 고통, 통증 그리고 죽음까지도 마지막에 담담하게 받아들였던 모습은 필자에게 깊은 인상을 남겨 주었다.

"왜, 내게 이런 죽을병이 찾아왔나 몰랐어요. 원망도 많이 했었어요." 이맹윤 씨가 내게 건넨 말이다.

"그런데 이제는 받아들일 수 있어요." 이렇게 말하면서 이맹윤 씨는 고개를 숙이고 눈물을 흘렸다. 그러나 분명 절망의 눈빛이 아니었다. 온전히 죽음을 받아들였고 여러 가지 감정들이 복잡하게 그를 흔들고 있었다.

"이젠 준비됐어요. 떠나갈 수 있겠어요." 그가 내게 남긴 마지막 말이었다.

한 가지는 분명하다. 죽음을 맞기까지 자기 삶을 충실하게 살아야 한다는 점이다. 주어진 시간을 소중하게 생각해야 한다. 잘 살아야 잘 죽을 수 있다.

시간은 모두에게 공평하다. 주어진, 내게 맡겨진 시간을 잘 활용해야 한다. 이것이 삶을 진정 보람되고도 가치 있게 사는 길이다. 지금의 시간을 헛되이 허비하지 마라.

13. 남은 시간을 영원처럼 살라

하이럼 스미스는 시간의 중요성을 일깨우기 위해서 이렇게 말했다. "각 자신의 삶을 균형 있게 유지하기 위해서 '살 수 있는 날이 6개월 밖에 남지 않았다면 나는 이 시간을 어떻게 보낼 것인가?'를 주기적으로 자문하라." 필자에게 이 말은 가정이 아니라 실제로 느껴진다. 정말 6개월의 남은 삶을 살았던 분들을 알기 때문이다. 참으로 잘 죽기 위해서는 시간을 소중하게 생각해야 한다. 6개월의 시간이 남은 분들은 순간순간을 영원처럼 살다 갔다.

박혜연(가명) 님은 54세로 대장암을 앓고 있었다. 제대로 앉지도 눕지도 못했다. 앉으면 불편하고 누워도 호흡이 불편했다. 임시로 책상을 만들어서 잠을 잘 때에는 구부정한 자세로 잠을 청했다.

사는 것이 사는 게 아니었다. 내가 볼 때에는 통증을 견디기도 어려웠을 뿐 아니라 수면 부족으로 인해서 체력은 극도로 악화된 상태였다.

그런 그녀는 나를 만나게 될 때마다 환한 미소를 지어 보였다. 내게만 아니라 병실에 있는 다른 환자들과 가족들에게도 언제나 환한 미소를 보여 주었다. 때로는 누가 환자이고 누가 건강한 사람인지 구별이 되질 않았다. 사실 이런 경우는 드물다. 자신에게 남은 시간이 6개월이라는 사실을 아는 사람이 언제나 웃음을 보인다는 것은 쉽지 않은 일이었다.

그녀는 내게 말했다.

"예전에는 몰랐어요. 삶이라는 것이 이렇게 단순한 일상 속에 기쁨이 깃들어 있는 줄을요."

"어떤 것들 속에 기쁨이 깃들어 있는데요?" 내가 물었다.

"아침에 눈을 뜨는 것에 있어요. 예전에는 아침에 눈을 뜨는 것은 당연하다고 생각했어요. 하지만 아파 보니깐 한밤중에 눈을 뜨게 돼요. 밤이 되면 견딜 수 없이 너무 힘들었어요. 또한 호흡을 마음껏 하는 것이 기쁨이에요. 숨을 이렇게 쉰다는 것은 기적임을 알게 되었어요. 지금은 호흡이 쉽지 않아요.

밥을 먹을 수 있다는 것도 기쁨이에요. 저는 지금 죽도 잘 못 먹잖아요. 건강하게 삼킬 수 있다는 것이 축복임을 깨달았어요.

사랑하는 가족들과 대화를 나눌 수 있다는 것도 저에겐 기쁨이에요. 아직까지 내가 느끼고 판단할 수 있다는 것이

잖아요. 또렷한 의식으로 내 감정을 모두 표현할 수 있잖아요. 옆에서 간병하는 남편을 보고 있는 것만으로도 나는 행복한 사람이에요."

그녀는 이 작은 기쁨들을 깨달은 이후에는 매 순간 미소를 짓기로 결심을 했다고 했다. 그녀는 정말 마지막까지 잔잔한 미소를 지어 보였다.

그렇다. 그녀를 통해서 순간이 영원이 된다는 말을 이해할 수 있었다. 한순간을 온전히 느끼고 음미하는 삶을 산다면 그 삶은 이미 영원을 사는 삶일 것이다. 순간순간을 놓치지 말고 음미하며 살라.

14. 스스로 삶을 선택하라

삶이란 살아 있는 동안 의미를 찾아가는 과정이다. 자기가 처한 운명에 대해서 스스로 대답할 수 있어야 한다. 때로는 삶을 움직여 가는 운명의 손에 대해서도 저항도 할 줄 알아야 한다. 운명에 대해서 순응뿐 아니라 저항할 줄도 알아야 한다.

함석헌에 의하면 '생명이란 대듦'이다. "생명은 자기주장이다. 나는 나대로 하는 힘이 생명이다. 온 세계에 대하여 나는 나다. 나는 너와 다르다 하는 것이 생명이다." 그렇다. 자기 운명, 자기 행복은 자기 스스로 책임질 줄 알아야 한다. 그래서 라이너 하크는 이렇게 말했다.

나는 나! 내 행복에 책임을 지는 사람은 바로 나 자신입니다. 그것을 위해 내가 할 수 있는 일을 철저하게 하려고 합니다. 나는 남의 꿈이 아니라 나 자신의 꿈을 꿀 것입니다. 남들이 나에게 요구하는 소망과 욕구가 아니라, 나의 소망과 욕구를 인식할 것입니다. 나의 내면에 귀를 기울이고 나를 관찰하고 나의 의견을 묻고, 나의 개인적인 행복의 장소와 행복의 원천을 찾아낼 것입니다.

라이너 하크, ﹣산책﹣ 중에서

인생은 강렬하게 저항과 도전에 직면할 때가 있다. 삶도 때로는 주어진 운명에 대해서 깊이 긍정해야 할 때가 찾아온다. 함석헌은 말한다. "사람들은 툭 하면 하늘이 무심하다 하지만 사실은 제가 무심해하는 마음을 모르는 것이다. 잔혹한 듯 내버려 두시는 것은 내 속에서 겨울 꽃망울이 자라게 하기 위해서다."

함석헌이 말했듯이 때로는 강렬하게 대드는 것이 삶이요 생명이지만 때로는 숨은 뜻을 발견하고 순응하는 것도 삶이다. 그렇다. 진리는 어느 한편에 치우치지 않는다. 강렬하게 저항하는 것도 삶이요, 때론 깊게 순응하고 인정하는 것도 삶이다. 그 어느 편에도 메이지 말고 자유로워야 한다.

만약 삶이 더 이상 전진할 수 없는 좌초된 상태라면 깊이 생각해 보아야 한다. 지금 나에게 전진하라는 뜻인지, 그 자리에 머물라는 뜻인지를 생각해야 한다. 함석헌은 다시 이렇게 말한다. "그 뜻을 찾아 얻을 때 죽었던 나무가 미(美)로 살아나고, 떨어졌던 과거와 현재가 진(眞)으로 살아나고, 원수 되었던 너와 나의 행동이 선(善)으로 살아난다." 놀랍도록 진실이다. 그래 살아가는 뜻을 찾아내라. 살아가는 뜻을 스스로 발견해 내라.

생각해 보면 불행한 사람들이 더 행복할 수도 있다. 그레그 이스터브룩의 말을 들어 보자.

긍정 심리학 이론가들은 전반적으로 사지마비자들이 복권 당첨
자들보다 더 행복감을 느낀다는 연구 결과에 놀라움을 금치 못
했다. 복권 당첨자들은 물질주의에 휩쓸렸다가 버림받는 반면 사
지마비자들은 자신의 상황에 적응해야 하고, 그렇게 하는 과정에
서 살아 있다는 사실에 감사하는 법을 배웠을 것이다. 더구나 그
들은 매일 삶과 투쟁해야 하고 무언가를 얻기 위해 노력해야 한
다. 반면 복권 당첨자들은 손가락을 두드리며 가만히 앉아서 다
른 사람들이 만족을 제공하기만 바랄 것이다.

그레그 이스터브룩, - 진보의 역설 - 중에서

   살아가는 의미를 발견한다면 전신장애인들도 정상인들보
다 더 행복한 삶을 살아갈 수 있다. 중요한 것은 뜻에 있다.
살아가는 의미에 있다. 복권 당첨을 기다리는 사람들에게는
삶이 지루하거나 불만족스러울 수밖에 없다. 무엇인가를 상
실해 보지 않은 사람은 참만족이란 무엇인지를 모르는 것
과도 같다.

15. 주어진 환경과 운명을 받아들여라

우리에게 주어진 운명을 받아들인다는 것에는 작은 비밀이 숨어 있다. 내 뜻대로 되지 않는다고 짜증을 부리던 사람들도 심각한 투병생활을 하다 보면 보는 관점들이 바뀌게 되는 걸 종종 보게 된다. 불편한 환경, 생각지도 않았던 사건들을 담담하게 받아들이는 법을 배우게 된다. 유진 오켈리도 그중 한 사람이었다.

> 방사선 기계가 고장 나면 귀중한 한 시간이 그냥 가겠지만, 너무 초조해하지 말고 그 사실을 있는 그대로 받아들여야 한다. 초조해서 안절부절못하면 기력만 소진된다는 것을 기억하고 즐거운 무언가에 관심을 집중하자.
> 그러나 식사 도중에 비가 내리기 시작할 수도 있을 것이다. 천둥 번개와 함께 폭우가 쏟아질 수도 있다. 예전 같으면 낭패라고 생각했겠지만 이제는 비를 선물로 여길 것이다.
> 유진 오켈리, -인생이 내게 준 선물- 중에서

유진 오켈리는 세계 최고의 회계법인 중 하나인 KPMG 그룹의 CEO(최고경영자)였다. 촉망받는 비즈니스맨이던 그는 어느 날 청천벽력 같은 암 선고를 받는다. 뇌종양 진단을 받고 남은 삶이 불과 몇 개월밖에 남지 않았다. 암 진단을 받은 며칠 뒤 유진은 KPMG 그룹의 CEO 자리를 내놓았다.

이후 그는 회장에 취임한 지 3년이 채 안 된 2005년 5월 말기 암 선고를 받았고 3개월 후 세상을 떠났다. 유진 오켈리는 우리에게 현재를 산다는 것이 무엇인지를 가르쳐 주고 떠났다.

> 더 이상은 미래에 살지 말자. 그리고 다른 많은 사람들이 그러하듯 과거에 얽매이지 말자. 두 달 앞이나 한 주 앞, 또는 몇 시간 앞을 내다보며 사는 것을 그만두어야 한다. 존재하지도 않은 세계에 산다는 것은 피곤한 일일 뿐만 아니라 현재의 매혹적인 순간을 놓치고 만다는 점에서 어리석은 일이기도 하다.
> 유진 오켈리, -인생이 내게 준 선물- 중에서

유진 오켈리에게 완벽한 순간이란 마치 시간이 정지한 듯 느낌으로 다가왔다. 전화 통화에 몰두하는 5분도 완벽한 순간이 될 수 있고, 좋은 와인을 마시고 즐거운 대화를 주고받으며 느긋하게 식사를 하는 시간도 완벽한 순간이 될 수 있었다. 그는 순간을 사는 법을 배웠다. 비록 투병을 통해서 알게 되었지만 죽음을 앞둔 그의 가르침은 우리들의 삶의 방향을 바꿀 수 있도록 도와준다.

사실 환자는 하루 종일 통증에 시달릴 수 있다.

한 번은 항암투병 중인 어느 환우 한 분을 만난 적이 있다. 그는 내게 말하기를 항암주사를 맞았다고 하면서 머리카락이 자꾸만 빠진다고 하소연을 했다. 그는 피부 색깔도 변했고 손톱, 발톱 끝으로 느껴지는 통증을 참기가 힘들다고 했다. 통증이 너무도 심해서 불면증에 시달림은 물론 손톱, 발톱이 모두 일그러지기 시작했다고 했다.

그가 나에게 말했다.

"통증이 심했던 어느 날, 일시적으로 단 몇 분 사이, 약 5분 정도의 통증이 거짓말처럼 멈췄을 때의 느끼는 그 기쁨을 잊지 못한답니다."

그랬다. 5분 동안의 통증의 멈춤! 통증이 없는 삶이란 것이 얼마나 큰 기쁨인지 그는 비로소 삶의 진정한 소중한 부분들을 깨닫고 있었다. 작은 것, 일상에서 배우게 되는 삶의 소중함을 깨닫게 된 것이다.

삶의 가치는 지금, 여기에 놀라운 가치가 숨어 있다. 비록 불완전하고 미완의 삶일지라도 이 순간의 소중함에 대해서 눈을 떠야 한다.

유진 오켈리는 의식이 점점 희미해지는 것을 느꼈지만 한 가지, 삶의 선물을 발견하게 되었다. 그것은 완벽한 순간은 자신이 처한 삶을 온전히 '받아들이고, 인정할 때' 나타난다는 사실이었다. 그가 느낀 완벽한 순간, 완벽한 삶이 만들어지는 순간은 내 뜻대로 삶을 만들려 하지 않고 받아 들이려 할 때였다고 고백했다.

그는 일상생활에서 갑작스럽고도 불편한 변화가 일어날 때는 마음으로부터 상황을 조정하려는 의지를 내려놓음으로써 현재의 순간에 들어가 살게 되고 결국 그 순간 안에 머무는 법을 배우기 시작했다고 말한다.

유진 오켈리가 경험한 완벽한 삶은 퀴블러 로스가 말한 예정된 일을 받아들이는 삶과도 일치하는 경험이다. 퀴블러 로스는 이렇게 말한다.

> 이 경험을 통해 나는 이미 일어나도록 예정된 일에 대해, 그것을 막거나 조종하려는 노력이 무의미한 행동임을 깨달았습니다. 세상에 우연이란 없으며, 모든 일은 신의 치밀한 계획에 따라 일어납니다. '진정한 힘'이란 그런 것입니다.
>
> 엘리자베스 퀴블러 로스, 데이비드 케슬러,
> – 인생수업 – 중에서

완벽한 순간을 살고 싶은가? 그렇다면 내 뜻과 의지대로 삶을 조절하려 말고 예정된 일을 온전히 받아들여라. 먼저 자신이 바라고 기대하는 모습을 사랑하려 하지 말아야 한다. 대신에 있는 그대로의 나를 사랑하라. 무엇이 되어야만 행복하다는 생각을 버려라. 어떤 자리에 올라가야 행복하다는 생각을 버려라.

지금 이대로도 행복하고 아름다운 자신의 삶을 깊이 음미하라. 지금으로도 충분하다. 당신의 삶은 지금 그대로도 가장 아름다운 삶이다. 더 이상 무엇을 보탤 필요가 없다. 당신은 이미 모든 것을 다 가지고 있다. 단테의 말을 기억하자.

> 　한 걸음, 한 걸음 천천히 걸어가도 목적지에 도달할 수 있다고 생각해서는 안 된다. 한 걸음 한 걸음 그 자체에 가치가 있어야 한다. 큰 성과는 가치 있는 일들이 모여 이룩되는 것이다.
> 　　　　　　　　　　　　　　　　　　　　　－A. 단테－

　　마음을 미래에 두지 마라. 현재를 살아라. 지금, 이 순간의 현재를 깊이 음미해 보라.

16. 두 번째 삶처럼 귀하게 살아라

"인생을 두 번째로 살고 있는 것처럼 살아라. 그리고 지금 당신이 막 하려고 하는 행동이 첫 번째 인생에서 이미 그릇되게 했던 바로 그 행동이라고 생각하라." 로고테라피의 창시자 빅터 프랭클 박사의 말이다. 그렇다. 가치있게 살려면 당신도 인생을 두 번째 사는 것처럼 살아라.

죽음의 수용소에서 살아난 프랭클 박사는 그가 경험한 것을 토대로 분명하게 이야기한다. 인생을 두 번째로 살고 있는 것처럼 살아라. 만약 우리가 정말로 인생을 두 번째로 살고 있다고 가정한다면 분명 처음 삶에서 일어났던 수많은 실수들을 고치려고 노력할 것이다.

프랭클 박사는 지금 우리에게 두 번째 인생의 기회가 주어진 것처럼 살라고 조언하고 있다. 그에 의하면 지금의 현실은 아직 가 보지 않은 길이며 다시 얻은 귀한 선물이다. 삶을 다시 시작하는 것처럼 설렘을 가지고 살아가 보라.

나짐 히크메트의 시를 나직하게 읽어 보자.

> 가장 아름다운 바다는 아직 가 보지 못한 바다
> 가장 아름다운 아이는 아직 다 자라지 않은 아이이다.
> 가장 아름다운 삶의 나날은 아직 우리가 살아 보지 못한 날들.
> 당신에게 하고 싶은 가장 아름다운 말은 아직 들려주지 못한 바
> 로 그 말이다.
>   터키의 시인이자 혁명 운동가인 - 나짐 히크메트 -

아직 가 보지 않은 바다가 있다. 그 바다는 곧 내 삶이다. 내 삶이 아직 가 보지 않은 미래의 바다다. 그렇다면 두 번째 인생을 사는 것처럼 산다는 것은 어떻게 하면 가능할까? 그 하나의 답변은 사랑의 힘으로 살아가는 길이다. 그 한가지 모델을 아베 피에르 신부에서 찾을수 있다.

프랑스 빈민의 아버지 아베 피에르 신부는 미리 쓰는 유서에서 마지막 남긴 말은 다름 아닌 '사랑'이었다. 그에 의하면 우리는 사랑받고 있는 존재다. 사랑에 의해서만 지탱되고 있고 사랑 안에서 자유롭게 응답할 수 있는 존재들이다. 인생은 사랑으로 유지되고 완성된다. 따라서 더 많이 사랑하며 살아야 한다.

> 내 신앙의 첫 번째 바탕은 영원한 존재는 사랑이라는 확신이다.
> 내 신앙의 두 번째 바탕은 내가 사랑받고 있다는 확신이다. 그리
> 고 내 신앙의 세 번째 바탕은 우리 안에 있는 신비로운 자유가
> 사랑으로 응답할 수 있게 만들어 주는 이유 외에 다른 이유를
> 가지고 있지 않다는 확신이다.
>   아베 피에르, - 피에르 신부의 유언 - 중에서

피에르 신부는 사랑으로 삶이 만들어지고 완성된다고 보았다. 그에 의하면 신이 우리를 사랑하고 있으며 우리는 그의 사랑받는 존재이고 그 사랑으로 인해서 자유롭게 타인을 사랑할 수 있는 존재들이다.

그는 이 사랑을 평생토록 사회에서 실천하고자 했다. 제2차 세계대전 당시, 그는 항독 레지스탕스 활동을 하면서도 부상당한 적군의 병사들을 치료해 주었다. 국회의원 시절에는 살인범을 집에 숨겨 준 일이 있었다. 현대판 레미제라블의 삶을 실천했다. 또한 50년이 넘도록 집 없는 사람들을 위해 헌신했다.

그에게 삶이란 사막에 난 길이 아니라 인간들 사이에 난 길이다. 그 길을 쭉 따라가다 보면 '사랑'을 만나게 된다. 사람 사이에 난 길, 거기에는 사랑이 있었다.

생각해 보면 피에르 신부에게 사랑은 분노할 줄 아는 사랑이다. 사랑이란 무조건 포용하는 그런 사랑이 아니다. 함석헌의 통찰력처럼 "반발하는 것이다. 버티고 서는 것, 머리를 들고 일어서는 것, 운명에 대드는 것"이다.

사랑한다면 타인을 위해서 해방시키는 분노를 낼 것을 피에르 신부는 우리에게 조언해 준다. 그에게 분노는 타인을 해방시키는 사랑의 도구다. "내가 다른 사람을 보호하기 위해, 그를 해방시키기 위해 분노한다면, 그 분노는 다른 사람을 위한 나의 사랑을 확인시켜 주는 것이다."

94세의 나이로 죽음을 눈앞에 두었던 피에르 신부가 보여 준 것처럼, 진정으로 사랑하며 타인을 돕고자 한다면 분노할 줄도 알아야 한다. 타인에게 자유를 주고 인간답게 살기를 돕기 위해서는 때론 분노할 줄 알아야 한다.

"아직도 이 세계의 많은 사람들이 배가 고파서 죽어 가고 있을 때, 프랑스 사람들이 추위 때문에 죽어 가고 있을 때, 나는 위정자들에게 외친다. '당신들은 위험에 빠진 사람들을 돌보지 않는 죄를 짓고 있다!' 그리고 여론을 형성하는 우리는 그들과 공범이다."

아베 피에르, - 피에르 신부의 유언 - 중에서

17. 산다는 것 자체가 이미 신비다

두 번째로 인생을 다시 시작한다고 하면 꼭 필요한 요소
는 다름 아닌 신비에 눈을 뜨는 것이다. 종교학자 루돌프
오토(Rudolf Otto)에 의하면 "신비라는 말은 숨겨진 것, 즉
공개되지 않은 것, 파악되거나 이해되지 않은 것, 일상적인
것이 아닌 것, 친숙하지 않은 것들로 비밀"을 뜻한다.

삶의 일상을 들여다보면 신비로 가득하다. 인간은 죽음의
의미를 모두 이해하지 못한다. 삶은 왜 때로는 고통스러워
야 하는지 그 이유를 알 수는 없다. 우리들의 삶에서 일어
나는 수많은 고통들과 난제들에 대해서 그 해답을 제공할
의무는 우리에게는 없다. 또한 그 답은 우리 자신 안에도
없다.

인도의 시인 타고르가 말했다. "죽음이란 빛을 끄는 것이
아니라, 단지 등불을 꺼 버리는 것뿐이다. 왜냐하면 날이
밝고 해가 떴기 때문이다." 우리들이 느끼는 고통은 작은
등불인지도 모른다. 등불이 꺼졌다고 두려워하지 말아야 한
다. 왜냐면 곧 해가 뜨기 때문이다. 더 밝은 빛이 온 세상

을 비추고 있음을 알게 될 것이다. 더 큰 신비가 우리 삶을 이미 감싸고 있다.

새롭게 태어나는 힘찬 아이의 목소리에서 탄생의 신비를 발견하게 된다. 생명은 어디에서 끊임없이 태어나는 것일까? 저 들녘에 서 있는 소나무 한 그루에 담긴 자연의 신비를 다 파악할 수 있을까? 스치고 지나가는 바람들, 살포시 내려앉은 햇살들, 잠시 내려와 쉬어 가는 백로에게서 자연에 스며든 신비로움을 어렴풋이 보게 된다.

우리들의 삶은 어떤가? 최고조로 올라갈 때의 정점이 있으면서도 최저로 곤두박질치는 깊고 깊은 심연의 세계가 함께 공존한다. 밝은 면과 어두운 면이 공존하고 언제나 쌍둥이처럼 따라다닌다. 상승과 하강, 고통과 기쁨, 웃음과 눈물, 쾌락과 후회……. 이 모든 것을 잠시 다른 눈으로 본다면 삶은 신비로 충만하고 또한 경이롭다.

우리 삶을 이루고 있는 현존하는 것들을 주의 깊게 바라볼 수만 있다면 이 순간 신비로움을 만나게 된다. 깊고 깊은 시간의 신비를 만나게 되고 어슴푸레 삶의 신비를 볼 수도 있다.

내 자신이 온전히 지금 이 순간에 살고 있다면 삶의 수많은 난제가 지닌 이 신비로움이 한순간에 자신에게 열린다. 삶은 경이로움으로 가득 차 있건만 우리는 경이로움을 감지하지 못해서 신비가 일상의 진부함으로 추락하고 만다. 보라. 내가 사는 것 자체가 하나님의 신비가 아니던가?

제2부

좁은 문으로 들어가라

모든 위대한 것은 자각되지 않는다.
－토마스 칼라일(Thomas Carlye)

18. 우리에게 가장 소중한 가치는 무엇인가

우리 한국인에게 가장 소중한 가치는 무엇인가? '세계가 치관조사(World Value Survey)' 기구가 80여 개국을 대상으로 실시한 여론조사에서 우리 국민이 소중하게 생각하는 가치는 75%가 경제 안정을 최우선 가치로 선택한 것으로 나타났다. 그다음으로 '인간적인 사회로의 발전(16.8%)', '아이디어가 중시되는 사회(4.6%)', 혹은 '범죄 소탕(3.5%)' 등의 순서로 나타났다.

우리 한국인들은 다른 조사대상 국가들과 비교가 안 될 정도로 경제적인 문제에 관심이 높았다. 그렇다면 과연 인생은 경제적인 가치로만 평가될 수 있는 것일까? 결코 그렇지 않다. 경제적인 문제는 큰 문제임에는 틀림이 없다. 그러나 경제적인 문제가 삶의 최종적인 가치가 되거나 평가의 절대 기준은 될 수는 없다.

부자가 되어도 자살하는 분들이 생기는 것을 보면 결코 경제적인 문제가 삶의 최종적인 가치는 아닌 것이 분명하다. 삶의 가치는 경제적인 문제 너머로 그 어떤 귀한 가치들이 있다는 것을 의미한다.

그렇다면 경제적인 것이 최종적인 가치가 아니라면 다른 어떤 가치가 인생의 의미를 던져 주는 것일까? 한국의 젊은 부부들은 자녀들의 교육을 위해서 삶을 희생한다. 때로는 조기유학을 보내며 경제적인 무리를 해서라도 아이들을 유학의 길로 내보내고 있다.

한국의 많은 아빠들은 직장생활을 하면서 생활비를 해외로 보내면서까지 혼자서 생활을 하는 경우도 많다. 이른바 '기러기 아빠'나 '펭귄 아빠'와 같은 신조어가 생겨난 것도 이런 교육에 대한 젊은 부부들의 열의를 엿볼 수 있다. 그러나 가끔 기러기 아빠들의 자살을 시도하는 기사를 접하는 경우가 종종 있다.

아이들의 교육을 위해서 모든 것을 던진 결과가 자기를 던져 죽음에 이르게 하고 있다면 분명 무엇인가 잘못된 것이 아닌가? 그렇다. 분명 무엇인가 심각하게 잘못된 것이 분명하다.

자녀의 행복한 인생을 위해서 자신의 삶을 던지는 것 또한 분명 잘못된 생각이다. 삶은 자신의 것이요, 살아가는 의미는 각자가 스스로 찾아야 한다. 스스로의 뜻, 스스로의 보람, 스스로의 가치를 세워 나가야 한다.

가치와 의미는 스스로가 찾아야 한다. 남이 대신 찾아 주는 것은 결코 아니다. 부단히 삶의 의미를 묻고 찾고 다듬어야 한다. 그래야 삶이라는 나무에 꽃이 피고 열매가 맺히게 될 것이다.

19. 뛰어난 삶보다는 남다른 길을 가라

남보다 뛰어난 삶을 살려고 노력을 하다 보면 피곤한 삶이 되어 버린다. 모두가 남보다 뛰어나려고 하니 세상이 점점 각박해져 간다. 우리는 남보다 뛰어난 삶을 살기를 소원하기보다는 남과 다른 삶을 살기로 마음먹어야 한다. 남보다 뛰어난 삶에는 우열(優劣)이 생기기 마련이다. 우열이 생긴다는 것은 누군가는 불행한 삶으로 전락해 가야만 한다는 뜻이기도 하다.

그렇다면 남보다 뛰어난 삶을 살기보다는 남과 다른 삶을 살아 본다면 어떨까? 옳다. 너와는 같지 않은 나의 삶, 내가 나다운 삶, 다른 이로 대신할 수 없는 내 삶을 살아보자.

남다른 삶이란 결국은 너와 내가 뚜렷이 구별되는 삶이다. 그렇다고 차별을 지향하는 것은 아니다. 남다른 삶에는 상하의 질서가 없다. 누가 잘하고 누가 못하는지, 똑똑한지, 모자란지 구별이 없다. 다만, 너와 나의 특별한 존중심만이 있을 뿐이다.

남다른 삶을 살고 있는 사람들을 예로 들자면 예술가를 들 수 있겠다. 예술가는 자신의 색깔이 분명한 사람들이다. 예술 자체가 독창적인 영역이고 남과의 생각의 차이를 드러내는 활동이다.

예술가들은 자기색깔 내는 것을 당연하게 여기며 활동한다. 예술 활동이란 자기만의 표현방식이요, 자신의 목소리며 자기 노래다. 한 작가가 천 가지 작품을 만들어 내면 천 가지 모두 다른 특징들이 있다. 모든 작품들이 서로 다르다. 하물며 남의 작품과는 더더욱 다르다. 예술이란 작품활동 자체가 남다른 삶을 살아가는 과정이다.

하지만 예나 지금이나 예술가로서의 직업을 갖는다는 것은 생활인으로서는 거의 모험에 가까운 일이다. 최근 한국의 젊은 미술작가들의 90% 정도는 무직에 가까운 생활을 하고 있는 것으로 보고되고 있다. 예술 시장이 형성되지 않아서 젊은 예술가들은 이중고에 시달리고 있는 것이다. 상황이 이렇다 보니 젊은 미술작가들은 이중 직업을 선택해서 생활할 수밖에 없는 처지에 몰려 있다. 예술가의 창작활동으로만 벌어들이는 수입은 100만 원 미만인 경우가 허다하다고 하니 그 생활의 어려움을 이해할 만하다.

이런 상황에도 불구하고 예술가들이 자기의 길을 포기하지 않는 이유는 무엇일까? 그것은 작가 자신의 예술창작에 대한 자부심이 작용하고 있는 까닭일 것이다. 자신만이 보여 줄 수 있는 고유한 창작욕구가 예술가의 길을 포기하지 못하게 막고 있다고 보인다. 예술가들은 아무리 가난해도 자기의 창작 정신만은 포기할 수 없다는 일종의 작가정신 때문에라도 포기하지 않는다.

예술은 내가 남과 다른 차이를 드러내는 창작행위다. 예술 활동을 한다는 것 자체가 차이점을 드러내는 행위다. 그들은 경제적 어려움을 감내하면서도 차이점을 포기하지 않는 사람들이다.

다시 말하자면 예술가들은 남과는 다르게 살려는 사람이요, 자기의 길을 개척하는 사람들이다.

그렇다. 끝까지 남다르게 살아라. 도중에 포기하지 마라. 남다른 삶이 곧 자기 삶이요, 자신만이 걸어갈 수 있는 길이다.

20. 어려움을 감내하라 - 이중섭

이중섭의 막역한 친구였던 구상(시인)이 병원에 입원했을 때의 일화다. 기다려도 며칠씩이나 문병을 오지 않는 이중섭을 섭섭해하던 구상의 병실에 드디어 어느 날 이중섭이 나타났다. 구상은 섭섭한 마음을 감추고 "왜 이렇게 늦게 왔나? 내가 얼마나 기다렸는지 아나?" 하고 나무랐다.

이중섭은 말하기를 "차마 빈손으로 을 수가 없었다."라고 하며 천도복숭아를 그린 한 폭의 그림을 내밀었다.

"어른들 말씀이 이 복숭아를 먹으면 무병장수한다지 않던가. 그러니 자네도 이걸 먹고 어서 일어나게."

구상은 한동안 말을 잊었다. 과일 하나 살 돈이 없는 이중섭이 과일 대신 과일 그림을 그려 오느라고 늦게 왔다고 생각되니 가슴이 아파 왔던 것이다.

이중섭의 생활은 이토록 가난했다. 복숭아 한 개를 살 돈이 없었던 그였다. 이중섭은 그림재료를 살 돈이 없어서, 은박지에 그림을 그릴 정도로 극심한 가난에 시달렸다. 그렇다면 그의 가정생활이야말로 말할 수 있었겠는가? 형편이 어려운 터라 아내는 일본으로 보내고 둘 사이는 편지를 주고받으며 생활했다.

이중섭은 일본인이었던 아내 마사코에게 한국 이름을 지어 주었다. '남쪽에서 온 덕이 많은 사람'이란 뜻으로 '남덕'이란 이름을 지어 주었다. 이중섭은 떨어져 지내는 동안 아내에게 수도 없이 많은 편지와 엽서를 보냈다. 일본으로 가족을 떠나보내야 했던 아내와 가족에 대한 그리움으로 편지를 썼다. 그렇게 가족을 그리워하며 홀로 남아서 가족을 기다리며 살았던 외로운 기러기 아빠였다.

언젠가는 아내가 좀처럼 답장을 하지 않자 사흘에 한 번이라도 답장을 해 주면 안 되겠냐고 투정을 부렸다. 기다렸던 아내의 답장엔 이렇게 적혀 있었다.

"우표 살 돈이 없어서요."

이중섭은 이처럼 심리적 어려움과 경제적 어려움 속에서 그림을 그렸다. 사랑하는 아내와 두 아들을 모두 일본으로 보내고 홀로 한국에 남아 그림을 그리고 생활을 해야만 했다. 그는 다시 가족들을 만날 희망으로 그림을 그렸다. 그에게는 유달리 가족들을 주제로 한 그림이 많이 남아 있는 것은 그가 가족과 헤어져 사는 동안에 얼마나 가족들을 그리워했는지 알 수 있는 대목이기도 하다.

가족과 헤어져서 살아야 했던 이중섭은 1956년에 40세의 나이로 삶을 등져야만 했다. 그는 적십자병원에서 사망했지만 무연고자로 처리된 까닭에 3일 동안 영안실에서 방치되어야만 했다.

　마지막까지도 그는 고독 속에서 살며 쓸쓸히 떠나갔다.

　자신의 예술혼과 가치를 지키며 산다는 것은 결코 쉬운 일이 아니다. 이중섭에게서 보듯이 남다른 삶의 길을 걸어간다는 삶에는 많은 제약이 따르기도 한다. 그럼에도 불구하고 남과 다른 차이점을 드러내려면 험한 길을 걸어갈 각오를 해야 한다. 이 길은 결코 익숙하고 편안한 길은 아니다. 그러나 가치 있는 길이며 한 번은 살 만한 길이다.

21. 길들여지지 마라

19세기 덴마크 철학자 쇠렌 키르케고르가 쓴 에세이 중에는 북부에서 날아와 덴마크에서 겨울을 나는 야생 오리에 관한 이야기가 있다.

야생 오리들은 봄이 될 때까지 덴마크에 머무른다. 현지 주민들은 야생 오리들에게 사랑을 베풀었다. 그들에게 먹이를 주고 보살펴 주었다. 사람들이 너무 잘 대해 주었기 때문에 살도 찌고 느긋해진 대부분의 야생 오리들은 봄이 되어 북쪽으로 날아갈 때가 되어도 먼 길을 되돌아가려고 하지 않고 주저앉아 버렸다.

하지만 일부 오리들은 그런 안일한 생활에 유혹되지 않았다. 서식지를 옮길 때가 되자, 그들은 본능에 충실하게 북쪽으로 반드시 되돌아갔다. 일부 야생 오리들은 사람이 주는 먹이에 길들여지지 않았던 것이다.

스스로의 결심이 분명하지 않으면 인생은 길들여진 오리처럼 주저앉게 된다. 내 뜻과 내 결심이 아닌 타인의 호의와 관심에 이끌려 마지막은 노예처럼 끌려다니다 죽게 되는 삶을 살게 된다.

어떤 삶을 살 것인가? 결심하라. 결코 길들여지지 않기로 말이다. 유혹에 굴하지 않고 본능을 따라서 봄이 되면 북쪽으로 되돌아가는 소수의 야생 오리가 되어라.

개는 사람에게 쉽게 길들여진다. 사람에게 대한 복종심이 있기 때문이란다. 그러나 고양이는 가와는 달리 사람에게 쉽게 길들여지지 않는다. 그 이유를 아는가? 고양이가 사람을 볼 때는 자신과 같은 동급으로 판단하기 때문이다. 고양이는 사람을 자기와 같은 동급으로 취급하니 당연히 사람의 말을 듣지 않는다. 말을 들을 때에는 동료 정도로만 생각하기 때문에 사람의 말에 조금만 반응을 보여 준다. 고양이의 야성은 영원히 사람에게 길들여지지 않는 이유가 여기에 있다.

결국은 생각의 차이다. 개와는 달리 사람에게 복종하지 않는 고양이의 자존심을 배울 수 있어야 한다. 우리는 고양이처럼 결코 야성이 길들여지지 않도록 해야 할 것이다. 길들여지지 않는 삶을 사는 사람만이 자신의 길, 자유의 길을 갈 수 있다.

결코 길들여지지 마라. 길들여지면 순해지고 칭찬을 들을 수는 있어도 그 대가로 귀중한 자유를 잃게 될 것이다. 자유 없는 삶은 노예의 삶이요, 남의 삶을 살게 될 뿐이다.

22. 길이 없으면 길을 내라

길이 없는 곳에는 길을 내는 사람이 필요하다. 처음 길을 내는 사람은 희생을 감수해야만 한다. 처음 시작하는 일에 길을 내는 것은 결코 호락호락하지가 않다.

찰스 린드버그(Charles Lindbergh)는 대서양을 최초로 횡단한 비행조종사로 기억되고 있다. 그의 과거 전력에는 조금 문제가 있기는 하지만 그의 모험과 개척 정신만큼은 위대한 사람으로 기억되고 있다.

그 당시 수차례에 걸쳐서 많은 비행사들이 대서양 횡단비행에 도전했다. 그러나 결과는 많은 사람들이 실종되거나 생명을 잃고 말았다. 이렇게 어느 누구도 비행기로 대서양을 횡단하리라고 생각하지 못하고 있을 때에 린드버그가 목숨을 걸고 나섰다.

린드버그는 1927년 5월 20일 오전 7시경 미국 뉴욕 커티스 비행장을 떠나 '스피릿 오브 세인트루이스'호와 함께 이튿날 밤 10시경 프랑스 파리 공항에 도착했다. 33시간 39

분 동안 약 5,800㎞를 비행한 끝에 도착하여, 세계 최초로 대서양 무착륙단독비행에 성공했다. 이 역사적 사건은 그의 나이 25세의 일이었다.

찰스 린드버그의 모험을 자세히 들여다보면 대서양 횡단을 위한 그의 각오를 엿볼 수 있다. 그는 먼저 비행기를 가볍게 하기 위해서 라디오, 무전기를 싣지 않았다. 조명탄도 없었다. 무게를 줄이고 기름을 채우기 위해서 줄일 수 있는 것은 모든 것을 줄였다. 그것도 모자라서 마지막에는 자신의 생명줄인 낙하산도 버렸다. 더 멀리 날아가기 위해서는 연료가 무엇보다도 필요했기에 비행기는 연료로 가득 채워졌던 것이다. 낙하산의 무게도 아까워서 내려놓고 425갤런의 휘발유를 싣고 뉴욕을 출발했던 모험이었다.

이렇게 도전한 비행은 33시간 39분 동안 계속되었다. 드디어 졸음을 몰아내고 자기 자신을 신뢰하며 날아서 프랑스 파리에 도착하게 된다. 그가 파리의 불빛을 보고 외쳤다. "저것이 파리의 불빛이다." 이것이 역사적인 첫 대서양 횡단이었다.

찰스 린드버그가 성공한 대서양 논스톱 횡단 비행은 사람들에게 비행기에 대한 신뢰감을 주었고 이후 대서양 횡단 1년 만에 세계의 비행기 대수가 4배, 승객 수는 30배로 증가하게 되었다. 한 사람의 도전과 성공은 이후 인류에게 엄청난 변화를 몰고 왔다.

지금은 대서양 비행 정도는 일상이 되어 버렸지만 시작 단계에서는 결코 불가능에 가까운 꿈과 노력이 있었음을 기억해야 한다.

처음 길을 낼 때에는 누군가의 용기와 죽음을 각오한 도전이 있었음을 기억하자. 누군가 길을 내면 그 길은 수많은 사람들이 함께 걸어가는 길이 된다. 길이 없다면 먼저 길을 내라. 수많은 사람들이 그 뒤를 따를 것이다.

23. 보리처럼 삶을 거꾸로 살아라

보리는 생명들이 겨울잠에 빠져드는 혹독한 추위 속에서도 생명력을 보존하며 홀로 깨어 겨울을 보낸다. 남들은 추위를 피해서 따뜻하게 잠들어도 보리는 깨어서 봄을 지켜내는 선구자의 역할을 한다.

보리에게는 긴 겨울은 시련의 계절이다. 봄이 오는 길목에서 깨어 있는 삶을 살기란 그리 쉽지 않기 때문이다.

혹독한 겨울이 지나가고 따뜻한 봄날이 찾아오면 산천초목은 따스한 기운을 먹고 힘차게 성장해 간다.

초여름, 보리는 다른 생명들이 성장의 정점을 향해서 달려 나갈 때, 오히려 자신의 사명을 마감하고 고개를 숙인다. 여기까지가 자신의 사명이라고 생각하고 내려온다. 고개를 숙이고 정점에서 내려온다. 이것이 보리가 가르쳐 주는 인생철학이다.

한흑구는 이런 보리의 모습을 이렇게 표현했다.

겨울의 어둠과 추위를 다 이겨 내고, 봄의 아지랑이와 따뜻한 햇볕과 무르익은 그윽한 향기를 온몸에 지니면서, 너, 보리는 이제 모든 고초와 사명을 다 마친 듯이 고요히 머리를 숙이고 성자(聖者)인 양 기도를 드린다.

한흑구, ─ 보리 ─ 중에서

그렇다. 보리는 뜻을 품고 살아가는 사람들을 닮았다. 모두가 성장에 급급하여 쏜살같이 우르르 몰려다니고, 달려 나갈 때 자신의 목적지는 그곳이 아니라고 조용히 물러나는 지조 있는 사람들을 닮았다.

모든 환경들이 좋아지고 살 만해질 때가 되면 사람들은 제 목소리를 내기 시작한다. 이때 보리는 조용히 자기 목소리를 거둔다. 이제 나의 때는 지나갔다고 이것으로 충분하다고 자기 목소리를 더 이상 내지 않는다.

보리의 삶이란 이렇듯 개척자의 삶을 보여 준다. 보리 같은 사람이란 열악한 환경 속에서도 좋은 세상을 만들기 위해서 땀과 눈물을 흘리는 사람들이다. 사람들은 좋은 환경이 찾아오면 자기 목소리를 내기 시작한다. 그러나 이때 보리 같은 사람들은 조용히 물러난다. 보리 같은 이 사람들의 숨은 노력에 의해서 세상은 좋아지고 밝아진다.

보리는 일반적인 정신과는 정반대의 정신으로 생을 살아간다. 그래서 보리는 개척자를 꼭 닮아 있다.

남들은 혹독한 추위를 피할 때, 개척자들은 혹독한 추위 속에서도 세상을 향하여 벌거벗은 몸으로 나팔을 분다. 이들은 어둠 속에서도 연약한 촛불을 치켜드는 사람들이다. 세찬 바람 앞에 서면 촛불이 위태로워 보이기까지 한다.

어둠속에서 이들은 더 크게 세상을 향해 외쳐 댄다. 이것이 자신의 사명이라고 생각한다. 이 시대에는 보리처럼 삶을 거꾸로 사는 사람들이 필요하지 않은가?

24. 버림받은 선각자들을 기억하라 – 윌버포스

세상에는 참된 애국자로서 국민에게서 버림받은 사람이 적지 않다. 세상을 앞서 간 사람들은 당시에는 세상으로부터 오해를 받고 경시를 당하는 경우가 많았다. 소크라테스가 그랬고 단테가 그랬다. 노예제도 폐지를 위해서 일생을 노력한 윌버포스(William Wilberforce, 1759∼1833)의 경우도 마찬가지다.

윌리엄 윌버포스가 활동하던 시대는 18세기 말이었다. 당시 영국은 노예무역을 통해 국가 수입의 3분의 1을 얻고 세계 최고의 해군력으로 아프리카 흑인들을 마구 잡아들일 때였다. 150년 동안 약 200만 명에 가까운 노예를 수송했는데, 열악한 항해 조건과 비인간적인 처우로 25%가 넘는 흑인 노예들이 수송 도중 사망했다.

이렇듯 노예무역은 상당한 돈벌이가 되었는데 국가재정의 3분의 1을 차지할 정도로 막대한 부를 창출해 내는 것이 노예 사업이었다. 따라서 노예제도를 폐지한다는 것은 상당한 이윤을 포기해야 하는 그야말로 황금알 낳는 거위를 죽이는 것이라는 생각이 만연해 있었다. 이에 많은 사람들은 노예 사업의 폐지를 원치 않았다.

이런 시대에 윌버포스는 노예제도 폐지에 뛰어들었다. 노예제도를 반대한 그에게는 항상 암살 위협과 중상모략이 따라다녔다. 노예상인들은 자신들의 이익이 끊어질까 봐 윌버포스를 암살하려 했다.

그가 노예제도를 폐지하기까지 의회에서 싸워 온 시간은 무려 47년이라는 세월이 필요했다. 그가 이룬 노예무역 폐지라는 쾌거는 하루아침에 이루어지지 않았다. 뜻을 이루기까지의 과정은 절대 순탄치만은 않은 삶이었다.

윌버포스는 20대에 유능한 의원으로 의회에 진출했다. 27세에는 젊은 국회의원이 되었고 이때부터 노예제도 폐지를 위해서 150번이나 되는 국회 논쟁을 해야만 했다.

그는 이렇게 외쳤다. "영국이 진정으로 위대한 나라가 되고자 한다면 신의 법을 지켜야 하는데, 노예제도는 분명 신을 분노케 하는 일입니다."라고.

당시로서는 이러한 노예제도 폐지 주장은 어리석은 주장이요 과격한 주장이었다. 사람들은 그의 이야기 듣기를 원치 않았다. 그에게는 단지 살해의 위협만이 따라다녔다. 오직 그와 함께 뜻을 같이하는 클레팜 공동체 사람들이 많은 도움을 주었다. 그들은 윌버포스와 함께 끝까지 뜻을 굽히지 않았다.

마침내 1833년 윌버포스가 뜻을 세운 지 46년 만에 국회에서 노예제도를 영원히 폐지하는 법안이 통과될 수 있었다. 세상이 바뀐 것이다. 윌버포스의 목소리가 사람들의 생각을 바꾼 것이다.

이렇게도 기쁜 노예제도 폐지의 소식은 윌버포스가 죽기 사흘 전에 들을 수 있었던 소식이었다. 그는 삶의 마지막 종착역에서 노예제도 폐지의 기쁜 소식을 들었다. 윌버포스는 일생을 뜻을 가지고 행동했고 죽음의 문턱에서 노예제도 폐지의 소식을 듣고 영면할 수 있었다.

윌버포스는 노예제도 폐지에 있어서 외로운 삶을 산 사람이다. 혹독한 비난과 암살위협에 노출된 삶을 살면서도 일생 동안 노예제도의 폐지를 초지일관 주장한 인내의 사람이었다.

우리 시대에도 윌버포스와 같이 인내의 삶을, 외로운 삶을 사는 사람들을 필요로 하지 않는가? 세상으로부터 오해와 비판을 견뎌 낼 수 있는 용기를 지닌 사람은 지금 시대에 어디에 있는가?

25. 남들이 꺼리는 일을 하라

경남 거창에 자리한 거창고등학교에는 학생들에게 직업 선택을 할 때 열 가지 기준점을 제시하고 있다. 직업을 선택할 때 무엇을 기준점으로 삼아야 할지 함께 고민해 볼 만한 귀한 글귀라고 생각된다. 내용을 소거하자면 다음과 같다.

1. 월급이 적은 쪽을 택하라.
2. 내가 원하는 곳이 아니라 나를 필요로 하는 곳을 택하라.
3. 승진의 기회가 거의 없는 곳을 택하라.
4. 모든 조건이 갖추어진 곳을 피하고, 처음부터 시작해야 하는 황무지를 택하라.
5. 앞을 다투어 모여드는 곳은 절대 가지 마라. 아무도 가지 않는 곳으로 가라.
6. 장래성이 전혀 없다고 생각되는 곳으로 가라.
7. 사회적 존경 같은 것을 바라볼 수 없는 곳으로 가라.
8. 한가운데가 아니라 가장자리로 가라.
9. 부모나 아내가, 약혼자가 결사반대를 하는 곳이면 틀

림없다. 의심치 말고 가라.

10. 왕관이 아니라 단두대가 기다리고 있는 곳으로 가라.

거창고등학교에서 제안하고 있는 열 가지 기준을 현실 속에서 적용한다는 것은 쉽지 않은 일이다. 현실 속에서 위의 기준들을 따르는 사람은 그리 많지 않다.

그럼에도 직업선택의 열 가지 기준이 눈길을 끄는 이유는 우리가 그렇게 살지 못하기 때문이다. 높은 기준대로 살고 싶어 하면서도 살지 못하는 현실이 열 가지 높은 기준에 대해서 눈길이 가게 되는 이유일 것이다.

직업을 선택할 때에는 용기를 내어서 남이 가기를 꺼리는 곳으로 가 보라. 남이 싫어하는 일을 해 보라. 남이 꺼리는 일을 하며, 남이 싫어하는 곳으로 가서 개척 정신을 발휘해 보라. 이러한 도전의 정신은 사람의 운명까지도 바꾸는 힘이 있다. 남들이 다 하는 일 말고 남들이 싫어하고, 남들이 꺼리는 곳으로 가라. 그렇다면 운명은 길을 비켜 줄 것이다. 용기 있는 자에게는 하늘은 길을 내어 주는 법이다.

위의 열 가지 직업선택의 기준을 실천하고 있는 사람들의 실례를 찾아보자면 우리시대의 장인들을 들 수 있겠다. 장인들은 까다롭고 어리석게까지 보이는 일들을 묵묵히 해낸 사람들이다. 장인정신은 어떠한 대가도 바라지도 않으면서 자기 세계에 깊이 들어간다.

‘장인’이라는 책에서 볼 수 있듯이 일본 장인들의 모습은 생각이 남다르다. 일본의 장인들에게 있어서 솜씨란 타인에게 보이려는 것이 아니다. 솜씨를 타인에게 보여 주는 것을 목적으로 삼을 때에는 장인은 장인이 될 수 없다고 생각한다.

　그들이 생각하는 장인은 존경을 받는 즉시 장인으로의 역할과 명예는 거기에서 끝이 난다고 생각한다. 따라서 진정한 장인이란 솜씨를 뽐내지도 않고 더구나 존경 같은 것은 기대하지 않고 묵묵히 자기 길을 걸어가는 사람들이 장인이다.

　장인이란 남들이 꺼리고, 싫어해서 잘 하려 들지 않는 일들을 소리 없이 해내는 사람들이 진정한 장인이다.

　장인 정신이 살아 있는 사회는 건강한 사회다. 이런 사회라면 결코 부패하지 않을 것이다. 장인이 존중받는 사회라면 결코 병들지 않을 것이다. 존경받으려는 생각조차 없이 자기 길을 묵묵히 걸어가는 이 시대의 숨은 장인들이 존경받는 시대가 와야 한다. 장인이 존경받는 사회가 건강한 사회라는 말은 여전히 진리다.

26. 아무나 할 수 없는 일을 하라

옹기장이 김용호 씨는 평생 옹기만을 구우면서 살아왔다. 그는 옹기를 굽는 이유에 대해서 이렇게 대답한다. "옹기를 굽는 일은 아무나 할 수 없는 일이기에 굽는다."

옳은 말이다. 장인의 길은 아무나 갈 수 없기에 걸어가는 길이다.

옹기를 굽는 일은 20년은 해야 제대로 구울 수 있다. 중간에 한 10년 일하고 쉬면 처음부터 다시 배워야 하는 일이 옹기 굽는 일이다. 그의 말을 들어 보자.

"다른 일은 10년쯤 하면 숙련되잖아요. 그런데 옹기는 안 그래요. 적어도 20년은 꾸준히 해야 한 달이고, 두 달이고 쉬어도 감을 잃지 않아요. 10년 했다고 며칠 쉬면 처음부터 다시 배워야 해요."

일을 쉬면 다시 시작해야 하는 것이 옹기 굽는 일이다. 따라서 옹기장이라는 직업은 누구나 쉽게 뛰어들 수 있는 일이 아니다. 성실함과 진지함을 가지고 일생을 살아갈 각오가 되어 있는 사람만이 옹기장이의 길을 갈 수 있다. 이 것은 곧 험난한 장인의 길이다.

김용호 씨의 말처럼 장인은 옹기 굽는 일이 쉬운 일이었 다면 시작도 안 했을 것이다. 독한 장인의 고집이 있어야 비로소 옹기장이가 될 수 있다. 그는 평범한 삶으로는 할 수 없는 일이기 때문에 옹기를 굽는 일을 택한 것이다.

장인의 일을 보자. 옹기 하나하나에 혼을 불어넣고 뜨거 운 불 속에서 옹기가 빚어지길 기다린다. 사람의 뜨거운 혼 과 자연의 조화가 만나서 빚어지고 만들어지는 옹기들을 보라.

이렇게 구워진 옹기들은 제 모습과 빛깔들을 드러낸다. 옹기장이의 고집스런 장인 정신이 이렇게 옹기를 세상에 나오게 한다. 옹기를 결코 쉽게 보지 마라. 직접 만들어 보 면 얼마나 어려운 일인지를 알게 될 테니까 말이다.

장인의 정신이 빛나고 그들의 가치를 인정하는 세상을 만들어 보자. 장인정신이 살아 있는 사회는 언제나 건강할 테니까 말이다.

27. 보호막을 제거하고 뛰어들어라

　동물의 행동을 체계적으로 연구했던 콘래드 로렌츠(Konrad Zacharias Lorenz) 박사는 『물고기 연구』라는 책을 썼다. 그가 관찰했던 물고기 세계에서 얻은 교훈은 들어 볼 만하다.

　로렌츠 박사는 방파제 안과 밖에 사는 물고기의 활동성과 공격성을 조사 비교해 본 적이 있다. 관찰 결과, 방파제 안의 고기는 조용하며 수용적이고도 순했다. 반면 방파제 밖에서 험한 파도에 시달린 고기들은 강렬하고 활동적이었다.

　방파제 밖의 고기를 방파제 안으로 옮겨 놓았더니 어찌나 날쌘지 제 세상 만난 물고기처럼 활기차게 움직였다. 이와는 반대로 방파제 안의 고기를 밖으로 내놓자 파도에 밀려 제대로 헤엄도 치지 못하고 다른 고기한테 쫓겨 기를 펴지 못했다.

　이러한 현상은 해초도 마찬가지였다. 방파제 밖의 해초는 빛깔이 강렬하고 윤기가 있었으며 생존력이나 번식력도 강했다. 반면 방파제 안의 해초는 빛깔도 불투명하고 윤기도 없었다.

콘래드 로렌츠의 연구에서 볼 수 있듯이 보호막은 생명을 약하게 만든다. 사람도 마찬가지다. 사람도 성장하면 보호막에서 나와야 한다. 보호막은 처음에는 필요한 것처럼 보이지만 성장한 후에는 보호막 때문에 약해지는 결과를 초래한다.

일정한 시간이 지나면 거친 세상에서 적응하는 훈련이 필요하다. 온갖 바람과 파도에서 단련되어야 한다. 당장은 좋아 보이는, 보호막을 의지하는 삶은 언젠가는 큰 화를 입기 마련이다.

당나라 학자 유종원(柳宗元)이 지은 '임강(臨江)의 사슴'이라는 글이 있다. 이 이야기는 보호막 안에서 살았던 사슴의 어리석음을 극렬하게 보여 준다.

임강 땅에 사는 한 사람이 사냥 중에 사슴새끼를 잡아다가 길렀다. 사슴이 집 안으로 들어오자 개들은 침을 흘리고 꼬리를 흔들면서 달려들었다. 그 주인이 화를 내자 개들은 놀라서 달아나 버렸다. 이날부터 주인은 날마다 사슴을 안고 개들 곁으로 다가가 개들에게 보여 주고 사슴에게 손대지 못하게 했다. 또한 차츰차츰 개들로 하여금 사슴새끼와 장난치며 놀게 하였다.

시간이 오래되자 개들은 주인의 뜻대르 행동했다. 사슴새끼가 점차 자라나 자기가 사슴이라는 사실을 잊어버릴 정도로 개들 앞에서 으스대며 지냈다. 개들은 주인을 두려워하여 사슴과 더불어 장난치며 매우 친한 척하며 지냈다.

3년이 지난 어느 날, 사슴은 집 문을 나서서 다른 집 개들이 있는 길을 지나가게 되었다. 사슴은 늠름하게 개들에게 다가갔다.

사슴은 개들은 모두 똑같다고 생각한 것이다. 그러나 그것은 너무도 큰 착각이었다. 다른 집 개들은 사슴을 보고는 망설이지 않고 달려가 단번에 잡아먹어 버렸다. 그 사슴의 털과 뼈가 길 위에 어지럽게 흩어져 버렸다. 사슴은 죽음에 이르러서도 자기가 죽는 이유를 알지 못했다.

임강의 사슴 이야기가 말해 주듯이 사람에게 보호막이 있으면 사슴처럼 착각을 하게 된다. 보호막 안의 세계가 전부인 양 생각하고 어리석은 사슴처럼 행동하게 된다. 그러다가 위기를 당하게 되면 세상 무서운 줄 모르고 살다가 비참하게 죽임을 당하게 된다.

이렇게 누군가의 보호를 받는다는 것이 일시적으로는 편안하고 좋아 보여도 결국 그 보호막 때문에 위험에 처하게 된다는 사실을 기억해야만 한다.

처음부터 보호막 따위는 벗어던져라. 험한 바다에서 풍랑과 함께 성장하는 법을 배워라. 때론 바람과 파도와 싸워야 하지만 결국은 유능한 바다의 사람으로 성장할 수 있을 것이다. 보호막 없는 삶이 유능한 항해사를 만들어 내는 법이다.

28. 노란 장미가 피는 조건

조이스 목사는 몇 해 전에 덩굴장미를 정원의 모퉁이에 심었다. 덩굴장미는 노란 꽃을 풍성하게 맺는 종자로, 조이스 목사는 꽃이 필 것을 기대하고 심어 놓았다. 그러나 몇 년이 지나도 꽃 한 송이 피지 않았다.

그는 그 장미를 사 온 원예 농장에 가서 물어보았다. 그동안 온갖 정성을 기울여 자주 물도 주고 볕을 쬐었으며 둘레의 흙은 기름지게 만들어서 가꾸어 준 결과 나무는 무성하게 잘 자랐으나 풍성한 노란 꽃은 피지 않았다고 말했다. 원예사는 바로 그런 원인들이 꽃을 피우지 못하는 이유라고 설명했다.

"그런 종류의 장미들은 정원에서 제일 기름지지 못한 땅에 두어야 합니다. 모래흙이 제일 좋고 비료를 주어서는 안 되며 자갈 섞인 흙을 넣어 주십시오. 그리고 불필요한 가지는 사정없이 쳐 버리고 잘라 버리세요. 그러면 꽃이 필 것입니다."

조이스는 원예사가 이야기해 준 대로 그렇게 하였다. 그랬더니 덩굴에서는 비길 데 없이 화려하고 커다란 노란색의 장미 꽃송이들이 수없이 피어났다.

－좋은 생각 － 중에서

　우리들의 삶도 그렇다. 오히려 관심과 정성을 들이면 꽃을 피우지 못하는 경우가 종종 있다. 이와 반대로 관심을 끊고 정성을 들이지 않으면 일이 순순히 풀리는 경우가 있다.

　험한 환경에 놓여 있다고 염려하지 마라. 놓인 자리가 열악한 환경이기 때문에 노란 장미가 피듯이 인생의 꽃도 열악한 환경에서도 더 잘 자란다.

29. 인생의 의미는 모험에 있다

미국에서 90세 이상의 노인들을 대상으로 물었다. 질문은 단 한 가지, "90년 인생을 돌아보았을 때 가장 후회가 남는 것은 무엇입니까?"라는 것이었다. 이 질문에 대해서 90%의 사람이 동일한 대답을 했다고 한다. 그 대답은 무엇이었을까? 그것은 "좀 더 모험을 해 보았더라면 좋았을 것"이라는 답변이었다. 이처럼 모험을 하지 않은 인생은 가장 아쉬움이 남는 삶이 될 확률이 높다.

모험을 감행하라. 키르케고르는 말했다. "모험을 하지 않는 것은 영혼을 위험에 빠뜨리는 것이다." 상황을 핑계 삼지 말고 모험에 뛰어들어라. 모험하는 삶에는 젊고 늙음이 없다. 삶은 모험으로 풍요를 얻게 되고 가치를 만드는 법이다. 모험이 없는 인생은 가치도, 보람도 없다. 모험을 두려워 말고 몸을 던져라.

1860년 미국 뉴욕에서 태어난 그랜드마 모제스는 시골 생활과 풍경을 즐겨 그렸던 화가였다. 그녀의 이름 앞에

'그랜드마(할머니)'라는 말이 붙은 것은 그녀가 그림을 그리기 시작한 것이 일흔일곱을 넘어서부터이기 때문일 것이다.

그녀는 열두 살 때 부모의 농장을 떠나 스물여덟에 농부인 토머스와 결혼할 때까지 남의 집 가정부로 일했다. 결혼한 뒤 그녀는 남편과 함께 농사일을 하면서 평생 10남매를 길러 낸 평범한 가정주부였다. 그리고 1927년 남편이 세상을 떠나자 막내아들의 도움을 받아 10년 가까이 혼자 농사일을 하기도 했다.

일흔일곱이 되어서야 그녀는 농사일을 그만두고 딸의 집으로 가서 함께 살았다. 어릴 때부터 그림을 그리고 딸기즙이나 포도즙으로 색깔을 칠하곤 했던 그녀는 남편이 죽은 뒤 물감 대신 수를 놓아 그림을 그렸다.

하지만 딸의 집으로 옮겨 올 무렵 그녀는 관절염 때문에 손가락을 움직이기 힘들어 바늘을 잘 다룰 수 없었다.

그럼에도 그녀는 포기하지 않고 진짜 그림을 그리기로 결심했다. 한 번도 캔버스와 붓, 물감을 갖춰 놓고 그림을 그려 본 적은 없었지만 그녀는 그림엽서의 그림을 베끼며 스스로 배워 갔다. 또 자신이 겪은 농장 생활과 같은 '그리운 옛날'의 추억들을 그렸는데, <추수감사절용 칠면조 잡기>, <크리스마스트리에 쓸 나무를 구하러>, <강 건너 할머니 댁으로>, <단풍나무 농장에서 설탕 만들기> 등의 제목에서도 알 수 있듯이 그녀는 자신의 지나간 시간들을 그림에 담았다.

1939년 여든 살의 모제스 할머니는 드디어 뉴욕 화랑에서 첫 개인전을 열었다. 그녀에게는 참으로 감격적인 날이었는데 화랑의 주인이 그녀의 그림을 몽땅 구입할 정도로 큰 호평을 받았다. 하지만 그녀는 미국과 유럽 전역에서 전시회를 열며 유명해질수록 욕심에 빠지지 않기 위해 더 열심히 그림을 그렸다. 백한 살에 세상을 떠날 때까지 1,600여 점의 그림을 남겼다.

모제스 할머니의 노년은 모험으로 가득 찬 시간이었다. 그렇다. 모험을 하라. 노년이 되었다고 포기하지 말고 주어진 재능을 다 사용하고 남기지 마라. 재능을 남기고 돌아가는 삶은 수치스럽다. 하늘이 준 재능을 모두 사용하고 가라. 당신이 모험에 동참한다면 살아 있음을 느끼게 될 것이다.

30. 거슬러 올라가라

　어느 여름날, 시원하게 한바탕 폭우가 쏟아져 내린 오후의 일이었다. 이미 비가 그쳐서 밝은 마음으로 내가 잘 아는 산책로를 따라 걸어 보았다. 물살이 내려가며 내는 진동 소리에 멀미가 날듯 했다. 산책로에는 살벌하게 물이 불어난 흙탕물들이 쏟아지고 있었다. 진한 황토 빛깔의 물살이 거세게 집어삼킬 듯이 흘러가고 있었다. 오랫동안 물줄기를 보고 있자니 속이 울렁거리기까지 했다.

　그때 눈을 사로잡는 광경이 펼쳐졌다. 성난 물길 사로에 무엇인가 반짝이고 있었다. 거센 황토 물살을 해치고 거슬러 뛰어오르는 은빛 물고기들의 모습이었다.

　마치 고지를 점령하려는 전쟁터의 군인들처럼 거센 물살을 뛰어오르는 물고기의 싸움은 진지한 모습으로 계속되고 있었다. 물고기들은 물살을 거슬러 올라가고, 물살이 험하고 억셀수록 물줄기 사이를 헤치고 뛰어 올라갔다.

　그 모습을 보고 있자니 우리들의 삶을 보는 듯했다. 물살을 헤치고 오르고 또 오르다 보면 물살은 약해질 것이다. 물고기들은 언젠가는 안전한 장소를 찾게 될 것이다.

지금, 이 거센 물살을 발판 삼아 뛰어 올라가라. 있는 힘을 다해 올라가라. 상황이 어려울수록 더 강렬한 열정으로 대응해 보라. 살아가는 의미를 발견할 수 있을 것이다.

사람은 거슬러 올라갈 용기만 있어도 생명을 구할 수 있고 기회를 얻을 수 있다. 레이 스마일러가 쓴 'The CEO' 중에는 다음과 같은 이야기가 있다. 1949년 8월 미국의 만(Mann)협곡에서 대형 산불이 일어났다. 이때 미국 산림청 소속의 산불 진압 소방대원들 16명이 산불에 갇혀 산기슭에서 옴짝달싹 못하는 상황에 놓이게 되었다. 소방대원들은 필사적으로 탈출을 시도했지만 도저히 어찌해 볼 도리가 없었다.

그 순간 소방대장 와그 닷지는 실로 기상천외한 행동을 보였다. 그는 거대한 산불과 싸우겠다는 듯이 맞불을 놓았다. 그리고는 자기가 놓은 불길로 인해 탄 자리에 꼼짝하지 않고 누워 거대한 불길이 그가 누운 자리를 넘어 위로 휘몰아쳐 가도록 하였다. 그는 위험천만한 상황에서 오히려 극단적일 정도의 적극적인 행동을 보여 주었다.

와그 닷지는 다른 소방대원들에게도 그렇게 할 것을 권유했지만 모두 그의 권유를 뿌리치고 계속 언덕 위로 달음질쳤다. 결국 산등성이로 뛰어 올라갔던 사람들 중 두 명을 제외하고는 모두 화염에 휩싸여 죽고 말았다. 닷지는 자신이 직면한 상황에 굴하지 않고 오히려 적극적으로 도전하여 극복하려 했던 것이다.

맞불을 놓아라. 그리고 불길이 지나가도록 하라. 불을 피하지 말고 불 앞에서 지혜롭게 대항하라. 불의 성질을 이해하고 대응하라. 이 길만이 불길에서 살아남는 길이다. 용기 있게 행동하되 지혜롭게 대처하라. 용기를 갖는다면 그 용기 안에 이미 삶의 의미를 찾을수 있을 것이다.

31. 가지 않은 길을 가라

　만약 사람이 인적이 드문 오지에서 갈림길을 만나게 된다면 어떤 길을 선택해서 걸어가게 될까? '한강 탐사', '금강 탐사'라는 글을 쓴 신정일 씨의 책을 읽다가 재미있는 내용을 발견한 적이 있다. 그는 강을 탐사하며 홀로 걷다가 갈림길에 서게 될 때가 있다고 한다. 이때 신정일 씨는 남들이 걷지 않은 길을 선택한다. 사람들의 발걸음이 드문 길, 처음 가 보는 길처럼, 낯선 길을 선택한다는 것이었다.

　그렇다. 길을 가려면 남들이 가지 않은 길을 선택할 일이다. 처음 가는 길을 선택해 보는 것에는 의미가 있다. 익숙하지 않지만 이 선택은 분명 지혜로운 선택이다.

　남들이 걸어간 길은 뻔하다. 새로운 것이 없다. 거기에는 딱히 긴장할 상황도 없다. 그냥 게으르다. 게으르니 드라마 같은 이야기도 없다. 험한 이야기, 모험담이 없다. 그만큼 보람도 없다.

　기억할 것은 남들이 걷지 않은 길을 걸어가면 불편하다.

하지만 그 불편함에는 의미가 있다. 불편한 길을 걸어가는 과정에는 뜻이 깃든다. 정성이 들어간다. 땀이 맺힌다. 길이 험할수록 마음만은 잠들지 않고 깨어 있게 된다.

불편한 길, 두려운 길, 낯선 길을 걸어 보라. 이 선택은 우리에게 삶의 의미를 만들어 줄 것이다.

어느 해 겨울, 눈이 내린 아침이었다. 눈을 떠 보니 폭설이 내렸다. 내린 눈으로 인해서 길이 끊겼다. 차도도 끊기고 인도도 끊겼다. 길이란 길은 모두 끊겼다. 차는 가끔씩 지나갔고 거북이걸음으로 기어갔다. 사람들도 걷기가 힘들었다.

모든 것이 불편했다. 사라진 길을 찾아야 했기에 더욱 불편했다. 어디가 길인지 어디가 차도인지 알 수가 없을 정도로 눈이 내렸기 때문에 위험했다.

나는 불편한 눈밭 위로 길을 내며 걸어갔다. 그때 무엇인가를 깨달았다. 길은 걸어가면서 만들어지는 것이라는 사실을!

이미 알고 있던 길에 대한 기억을 지워야만 했다. 기억에 의지한다는 것이 얼마나 어리석은 일인지를 알게 되었다. 기억을 지워야 했다.

새 길은 만들어져야 한다. 내가 걸어간 길이 곧 길이다. 내가 걸어간 길을 뒤이어 다른 사람들이 걸어오면 새로운 길이 만들어진다. 길을 만드는 사람은 오직 우리 자신이다.

길을 만드는 것을 두려워하지 말자. 과거의 판단과 편견은 모두 지워라. 미지의 세계에 대한 두려움이 있을지라도, 두 다리로 걸어가며 새로운 길을 만들어 가자. 우리가 먼저 걷는 이 길은 다른 사람들이 뒤따라오는 새 길이 될 것이다.

32. 독창적인 삶을 개척하라 - 에릭 호퍼

사상가의 이미지를 떠올리자면 많은 교육을 받고 자라난 예리한 모습의 지식인을 떠올리게 된다. 예를 들면 샤르트르나 미셸 푸코처럼 예리한 모습의 지식인의 모습을 쉽게 떠올리게 된다. 그러나 같은 사상가일지라도 좀 다른 경로로 성장한 사상가도 있다.

부랑자 출신의 사상가라면 쉽게 그 모습을 떠올릴 수 있을까? 그의 모습이나 스타일을 상상할 수 있겠는가? 진정 노숙자나 다름없는 사람이 탁월한 사상가의 반열에 올랐다면 생각해 볼 수 있겠는가? 그렇다. 죽을 때까지 노동자의 신분으로 글을 쓰고 자기 생각을 펼친 사람이 있다. 에릭 호퍼(Eric Hoffer, 1902~1983)가 그 사람이다.

에릭 호퍼는 1902년 뉴욕 브롱크스의 독일계 이민자 가정에서 태어났다. 그는 다섯 살에 어머니와 함께 계단에서 굴러떨어진 사고의 여파로 일곱 살 때 시력을 잃었다. 호퍼의 어머니는 그가 아홉 살 때 세상을 떴다.

이어서 1920년 아버지를 여읜 호퍼는, 가구 제조공 조합

원이었던 부친의 동료들이 모아 준 300달러를 노잣돈으로 캘리포니아로 향하게 된다. 그가 캘리포니아를 행선지로 삼은 것은 그곳이 단지 노숙할 수 있을 정도로 날씨가 온화했고, 길가에는 오렌지가 열려 있는 곳이었기 때문이었다.

아무튼 그 이후로 호퍼는 생애의 대부분을 떠돌이로 지내게 되었다. 그의 말처럼 "나는 삶을 관광객처럼 살아 왔다."라는 말에는 유머와 가난한 현실이 녹아들어 있었다.

에릭 호퍼는 행상과 떠돌이, 웨이터, 부두 노동자 등을 전전하며 생활했다. 그러나 그 가운데에서도 독학으로 철학 체계를 구축한 부랑자, 길 위의 사상가가 될 수 있었다. 그는 부두 노동자로 정착한 뒤로 1951년 첫 저서 '맹신자들'을 비롯해 10여 권의 사회철학 저술을 남겼다.

호퍼가 사상가의 이름을 떨칠 정도로 공부에 몰입하게 된 계기가 있었다. 그는 시력을 잃은 지 8년 만인 열다섯에 기적적으로 시력을 회복하자 미친 듯이 독서에 몰입하기 시작했다.

독서는 그에게 지적인 추진력이 되어주었다. 자서전인 『에릭 호퍼, 길 위의 철학자(Truth Imagined)』에서 그는 이렇게 회고했다.

> 나는 다섯 살이 되기 전에 읽는 법을 배웠다. 시력이 돌아오자 나는 거침없이 읽을 수 있었다. 시력의 회복이 일시적인 것이라고 확신했기 때문에, 눈을 혹사시키는 것에 대해 전혀 신경 쓰지

않았다. 다시 눈이 멀기 전에 읽을 수 있는 모든 것을 읽고 싶었던 것이다.

에릭 호퍼, -에릭 호퍼, 길 위의 철학자- 중에서

호퍼는 독학으로 공부하며 독자적인 사상을 수립해 갔다. 그는 일과 공부를 병행했고 성실하게 두 가지 영역을 잘 소화해 냈다.

안정된 첫 일자리였던 파이프 야적장에서 호퍼는 일하고, 책 읽고, 연구하는 일과를 마음에 들어 했다. 그는 전적으로 노동하고 공부하는 삶을 선택했다.

그는 독서를 하기 위해서 캘리포니아에 흩어져 있는 공공도서관 10곳의 회원증을 만들기도 했다. 이곳저곳의 도서관에서 지적 호기심의 분야를 집중적으로 연구했다. 이렇듯 호퍼는 끊임없이 배우는 사람이었다. 호퍼는 이렇게 말한다.

The central task of education is to implant a will and facility for learning; it should produce not learned but learning people. The truly human society is a learning society, where grandparents, parents, and children are students together. 교육의 주요 역할은 배우려는 의욕과 능력을 몸에 심어 주는 데 있다. '배운 인간'이 아닌 계속 배워 나가는 인간을 배출해야 하는 것이다. 진정으로 인간적인 사회란 조부모도, 부모도, 아이도 학생인 배우는 사회이다.

호퍼는 자신의 경험을 바탕으로 사람들에게 배움을 강조

한다. 그리고 "의미 있는 생활은 배우는 생활"이라고 말한다. 배운다는 것은 의미를 담을 수 있는 도구를 만드는 과정이다. 그릇이 없으면 아무리 좋은 음식도 먹을 수 없다. 배운다는 것은 좋은 삶의 의미를 그릇에 담을 수 있도록 준비하는 과정이 된다. 우리도 좋은 도구를 준비하자.

호퍼가 쓴 글의 종류를 일컬어 아포리즘이라고 부른다. 이것은 명언이나 금언과 같이 짧으면서도 진리의 정수에 이르게 하는 격언이나 속담의 형식을 띠고 있기 때문이다. 그는 짧으면서도 의미심장한 촌철살인의 언어를 구사했다. 결코 쉽지 않은 분야였지만 그것을 효과적으로 이용했다.

그가 세계적인 사상가로 인정받기까지 과정은 결코 순탄치 않았지만 부랑자 출신으로 길 위의 사상가가 되어 독창적인 생각을 세상에 펼쳐 보이게 되었을 때 사람들에게 잔잔한 울림이 되었다.

에릭 호퍼는 남들이 가지 않은 길을 선택했고 새로운 길 위를 걸어간 사람이다. 그의 사상은 미국사회의 소박한 삶의 철학을 세우고, 노동자의 세계로부터 사유의 세계를 깊이 드러낸 사상가로 알려지게 되었다.

'부랑자 사상가'라는 호칭은 에릭 호퍼가 아니면 결코 얻지 못했을 것이다. 호퍼처럼 남들이 가지 않는 길을 선택하자. 쉽지 않은 길이지만 낯선 길을 선택한다면 도전 자체만으로도 삶의 의미는 충분해진다.

33. 불편하게 살아라

閑古錐(한고추)라는 말이 있다. 이 말은 오래되어 끝이 뭉툭해진 송곳을 일컫는 말이다. 뭉툭한 송곳이라는 것이 그렇듯이 보기에도 날카로워 보이질 않는다. 닳고 닳았기 때문이다. 마치 쓸모없어 보인다.

닳아서 무뎌진 송곳이란 날카로운 새 송곳은 아니다. 그러나 그것은 오랫동안 농사일을 해 온 노련한 농부의 거친 손과도 같다. 보기에는 투박해 보여도 현장에 놓이면 가장 유능하고 노련한 손이 된다. 능숙한 손은 모양이 중요한 것이 아니다. 축적된 경험이 중요하다. 담는 그릇은 투박해도 좋다. 모양은 볼품이 없어도, 현장에서는 가장 유용한 도구가 되는 것이 경험 많은 거친 손이다.

이와 같이 閑古錐(한고추)라는 말에는 노련한 경지에 올라선 노장의 시선을 포함하고 있다. 노장의 시선은 일어나는 사건들에 대해서 흥분하지 않는 눈이다. 삶을 통달해서 세상을 관조하듯이 직관적으로 바라보는 시선이다.

오래도록 머물며 정점에 이른 사람들은 결코 성급하지 않고 튀지 않는다. 투박하게 행하되 그 행동의 이면에는 깊은 의미를 담고 있는 노련한 경지에서 행동하는 비상함이 있다.

어떤 분은 몇 년째 걷기를 고집한다는 기사를 신문에서 읽은 적이 있다. 그는 걷기만을 고집하며 삶을 자기 식대로 바라보며 살아가는 방식을 선택하며 살고 있었다. 오직 두 발로 걸어서 이동할 뿐 교통수단이나 자전거 등 바퀴 달린 것은 타지 않는 것을 원칙으로 삼고 살고 있다고 한다.

요즘처럼 모든 거리를 차로 움직이는 시대에 두 다리로 걸어서 이동한다는 것은 무척이나 불편한 일이다. 그런데 그는 모든 사람이 교통수단을 이용하는 시대이기 때문에 오히려 두 다리로 걷는 걷기가 크게 유용하다고 말한다. 남들이 이용하는 버스, 기차, 자가용 등을 타지 않는 훈련이야말로 이 시대에 필요한 대안적 생활의 한 방법이라는 것이 그의 생각이다.

때로는 길을 걸어가면서 자연스럽게 쓰레기를 줍는데 길가에서 페트병 하나, 담배꽁초 하나하나를 줍는다. 이렇게 쓰레기를 주을 때에는 낮은 자세로 고개를 숙여야 하니 이것도 삶을 낮게 사는 한 방법이라고 한다. 그는 하루 동안 쓰레기봉투 50 ℓ 짜리, 5개 정도의 쓰레기를 줍는데 어디를 걸어가든지 먼저 눈에 띄는 쓰레기를 줍는다. 쓰레기를 주우면서 진리를 함께 줍고 있다.

이러한 삶의 방식이 곧 한고추(閑古錐)의 전형적인 모델이다. 그에게서 한고추란 비록 무딘 것처럼 보이지만 행동 이면에는 깊은 의미를 담고 있음을 깨닫게 해 준다.

우리 시대는 좀 더 능숙하고 노련한 경지에서 행동하는 한고추의 경지에 이른 분들을 필요로 하고 있다. 과연 우리 시대에 노련하게 단련된 시선으로 삶을 바라보는 진정한 노장들은 어디에 있을까?

34. 희소성의 가치를 지녀라

희소성의 가치를 지니며 살아가자. 세상에 너무 많은 물건들은 가짜일 확률이 높다. 짝퉁은 대량생산해 낸다. 대량으로 나오는 물건은 아무리 고급스럽게 만들어도 그 가치를 잃기 마련이다.

처음에는 귀한 것도 점점 많아지면 가치를 잃게 된다. 반대로 가치가 높다는 것은 그 희소성에 있다.

인터넷에 넘쳐나는 정보는 가치가 높지 못하다. 모두가 가치를 공유하기 때문에 더 이상의 가치를 높이기는 어렵다. 귀했던 가치가 평균의 가치로 하락하고 마는 것이다.

삶도 마찬가지다. 남들이 하는 일이라고 다 따라 할 일이 아니다. 희소한 가치가 있는 일에 인생을 던져 보자. 희소성이 있는 삶이란 남들과 다른 선택을 하는 과정에서 자연스럽게 발생하는 가치다. 남들도 하는 똑같은 일, 목표, 같은 시간표로는 희소성이 발생하지 않는다.

희소성이 있는 삶을 살려면 그만한 대가를 지불해야 하

는 것은 당연하다. 그만한 대가와 가치를 지불하고 얻게 되는 삶이 희소성이 있는 삶이다.

조정권이 쓴 산정묘지라는 시를 읽다 보면 위대한 정신의 희소성을 지닌 가치들은 산의 정상, 즉 가장 추운 곳에서만 깃든다는 사실을 깨닫게 된다.

겨울 산을 오르면서 나는 본다.
가장 높은 것들은 추운 곳에서
얼음처럼 빛나고
얼어붙은 폭포의 단호한 침묵.

가장 높은 정신은
추운 곳에서 살아 움직이며
허옇게 얼어 터진 계곡과 계곡 사이
바위와 바위의 결빙을 노래한다.

山頂은
얼음을 그대로 뒤집어쓴 채
빛을 받들고 있다.
만일 내 영혼이 天上의 누각을 꿈꾸어 왔다면
나는 신이 거주하는 저 천상의 일각을 그리워하리.
가장 높은 정신은 가장 추운 곳을 향하는 법.

조정권, -山頂墓地- 중에서

"가장 높은 정신은 가장 추운 곳을 향하는 법." 그렇다. 산 정상은 얼음으로 가득하다. 산에서 가장 높은 곳, 산꼭

대기 정상에는 눈이 잘 녹지 않는다. 가장 늦게까지 눈이 녹지 않는 곳이 산 정상이다. 그곳에는 흰 눈이 녹지 않고 그대로 얼어 있다.

삶에서도 가장 높은 정신과 가치가 깃든 곳은 가장 추운 법이다. 희소성의 가치는 높은 곳, 사람들의 발길이 잘 닿지 않는 곳에 깃든다.

기억할 것은 높은 곳은 환경이 좋은 곳이 아니라는 것이다. 외로운 곳이며 고독한 곳이다. 모든 희소한 가치는 고독과 열악한 환경을 딛고 일어나서 만들어진다.

귀한 것, 정말 고귀한 것은 쉽게 만들어지거나 함부로 알려지지 않는다. 사람이 정성을 들인 시간과 침묵의 요소에 의해서 희소성의 가치는 가장 잘 보존되는 법이다.

35. 천 년 사는 '주목'을 보라

절대 고독의 가운데 우뚝 선 자, 그가 곧 수도자다. 언제나 꽃처럼
새롭게 피어나는 자, 그 꽃향기로 넘치는 자, 그가 곧 수도자다.
－인도 고전－ 중에서

주목을 일컬어 살아서 천 년, 죽어서 천 년 사는 나무라
고 부른다. 천 년을 살고 죽어서도 천 년을 사는 나무라니
어찌 사람이 흉내 낼 수 있는 삶이란 말인가? 사람들은 주
목을 놀라운 눈으로 바라본다. 죽은 주목을 보며 경이로움
을 느끼기까지 한다. 그리고 주목이 주는 가르침을 듣고자
한다.

높은 산에서 자라는 주목나무의 경우, 그 높이가 17미터
까지 자란다. 주목은 1년에 1밀리미터도 채 자라지 않을 정
도로 성장이 매우 느리다. 결코 빨리 자라지 않는 나무다.
말하자면 겨우겨우 버티면서 자라는 나무라고나 할까. 높은
산악지대의 악조건 속에서 힘겹게 살아가는 나무다.

주목이란 나무이름에 담긴 뜻은 '고상함'이다. 고상한 나

무! 그렇다. 추운 겨울 높은 산에서 하얀 눈 속에도 홀로 서 있는 주목을 보고 있노라면 고상함이라는 말로도 그 표현이 모자란다고 할 수밖에 없다.

차라리 고고한 나무라고 표현해야겠다. 잘 자라지는 못하지만 그 정신만큼은 칼날처럼 날카롭고 고고해서 마치 한 마리 학처럼 느껴진다. 아무도 흉내 내지 못할 자리에 몸을 비틀고도 스스로 성장해 가는 나무가 주목이다.

산 정상 부근에서 살아가는 주목나무는 우리들에게 이렇게 말을 건네는 듯하다. "한 번 올라와 봐라. 이 높은 곳까지 올라와서 척박한 땅에 뿌리를 내려 보라. 험악한 환경에서도 어린 씨앗을 퍼트려 보아라. 한겨울 시린 눈 속에서도 풍상을 견뎌 봐라. 이 거센 바람을 당신은 홀로 견딜 수 있는가? 잎사귀를 모두 떨어뜨리고도 홀로 견딜 수 있겠는가? 나처럼 천 년의 고독을 견딜 수 있는가? 죽어서도 삶을 다시 돌아보듯 이렇게 서 있을 수 있는가?" 주목나무는 이렇게 우리에게 질문을 던지고 있다.

천천히 바라보고 있자면 주목나무에게는 고고함이 느껴진다. 고고함이란 외로움과 가난한 성품을 뜻한다. 또한 고고함은 고독함을 견디는 힘이 있을 때만 만들어지는 성품이기도 하다.

세상에서 높은 것은 모두 고독하다. 고독하지 않고서는 높이 올라갈 수 없다. 고독, 홀로됨을 견디는 힘에 비례해서 높은 곳에 오르게 된다. 천 년의 고독을 견뎌 낼 수 있어야 죽어서도 천 년을 살 수 있다.

고고한 인격이란 자신의 한계상황을 견뎌 내는 사람에게 어울리는 말이다. 한계상황에서도 자신의 뜻을 지키는 사람을 고고한 사람, 진정 희소성의 가치를 지닌 사람이라 부를 수 있다. 이들은 고독과 외로움 속에서도 높은 뜻을 지켜 내는 사람들이다.

그렇다. 세상에서 가장 고상하고, 고고한 일들은 침묵과 고독 속에서 탄생한다. 복잡함과 화려함 속에서는 탐스런 열매를 맺기 어렵다. 침묵과 고독 그리고 사람들이 찾지 않는 곳에서만 귀한 열매가 맺히는 법이다.

사람들이 번잡하게 드나드는 곳에서는 심지어 닭도 알을 품지 못한다. 사람들의 빈번한 발걸음은 암탉에게 불안만을 가중시켜 집중할 수 없게 만든다.

사람도 그렇다. 귀한 것들은 고요함 속에서 소리 없이 성장한다. 아무도 돌보는 사람이 없어도 스스로 성장한다.

희소한 삶이란 이렇듯 고요함과 침묵 속에서 완성되어 가는 삶이다.

36. 잊힐 것을 각오하라

사람이 살아간다는 것은 정성을 들이는 일의 연속이다. 정성을 들이지 않으면 인간관계에서도 성장하지 않는다. 자녀를 기르는 것도, 학생들을 가르치는 것도 정성을 쏟는 일이다. 연인 관계를 아름답게 발전시켜 가는 일도 정성을 들이는 것이고, 좋은 부부관계를 만들어 가는 일도 정성을 들이는 일이다. 세상을 사는 원리 중 가장 기초에는 정성을 들여야만 열매를 맺을 수 있다는 것이다.

그러나 기억하자. 정성을 들이되 집착하지 말아야 한다. 집착하면 오히려 일의 결과를 망가뜨리기 쉽다. 거리를 둬야 한다. 정성을 쏟은 후에는 거리를 두고 물러나야 한다. 열매는 과도한 노력이 없이도 스스로 열매를 맺기 마련이다. 따라서 정성을 들이되 집착은 하지 말아야 될 일이다.

일을 하면서도 성공이나 성취에 집착하지 말아야 한다. 성공에 집착하지 말고 여유를 가지고 담담하게 일을 대하라.

에즈라 파운드(Ezra Loomis Pound, 1885~1972)는 이런

말을 했다. "만일 당신 사후에 당신의 시가 세 편만 남아도 자신을 위대한 시인으로 알고 시를 쓰십시오. 그리고 생전에 절대로 유명해질 생각은 말고 시를 쓰십시오."

에즈라 파운드의 생각은 진리다. 글을 쓰는 작가가 유명해지는 것을 목표로 삼으면 그 정신이 혼탁해져서 글의 질이 떨어지게 된다. 그러나 성공을 바라지 않고 오히려 사람들로부터 잊힐 것을 각오하는 작가들의 작품은 언젠가는 대중에게 알려지게 된다. 진정한 작가의 명성은 자기 색깔을 간직하면서 얼마나 긴 고독을 견뎌 내느냐에 달려 있다.

사진작가 최민식 씨는 이렇게 말했다. "나는 유명해지리라는 생각을 버리고 가장 고독하게 가장 팔리지 않는 사진을 내놓을 것이다." 그의 가장 고독하게 가장 팔리지 않는 사진을 내놓을 것이라는 고해성사 같은 말에서 마음에 잔잔한 감동이 밀려온다.

필자는 혼자서 이렇게 내 자신에게 묻게 된다. "과연 나도 그럴 수 있을까? 가장 고독하고도 가장 팔리지 않는 것을 내놓고도 조용히 기다릴 수 있을까? 자기 세계에 들어가서 진정한 작가 정신으로 삶을 기다리며 자유롭게 살 수 있을까?"

그러하다. 사람들에게서 잊히는 것을 두려워 말아야 한다. 가치 있는 것들은 다른 도움 없이도 스스로 가치를 드러내기 마련이다. 이 사실을 굳게 믿어야 한다. 사람들로부터 잊히는 것을 두려워하지 말아야 한다. 잊혀도 좋다는 각오로 작품을 만들어 가야 한다. 이러한 각오야말로 정말 가치 있는 삶을 만들 수 있다.

37. 잊히지 않는 사람이 되어라

　'아리랑'의 주인공 김산이라는 인물은 님 웨일즈가 아니었다면 그의 이름은 잊혔을지도 모른다. 다행히도 님 웨일즈는 김산을 만났고 그로 인해서 김산은 잊히지 않고 다시 우리 앞에 살아났다.

　김산의 본명은 장지락(張志樂, 1905～1938)으로 1905년 3월 10일 평안북도 용천에서 태어난 인물이다. 그는 한때 무정부주의자로 활동하기도 했다.

　'아리랑'의 저자 님 웨일즈에 의하면 김산은 "우리 시대에서 가장 많은 피를 흘리고 가장 추악하고 가장 혼란스러운 대변동 속으로 내던져진 한 명의 민감한 지식인"이었다.

　김산은 일본이라는 이성을 잃은 광기 어린 국가에 맞서서 싸워야 했던 나약한 조선이라는 땅에서 자란 젊은이이자 민감한 지식인이었다.

　님 웨일즈는 김산을 만난 후로 그가 조선의 한 지도자로서의 자격이 충분하다고 평가했다. 님 웨일즈가 느낀 김산의 이미지는 다음과 같았다. "그는 추종자가 아니라 지도자로서 사물을 고찰하였다. 그는 조선혁명운동의 가장 중요한 지도자 중의 한 사람이었으므로 이것은 아주 당연하게 느껴졌다." 이렇듯 지도자적인 기질을 타고난 김산은 님 웨일즈에게는 독특하면서도 매력적인 인물이었다. 그의 진지하면서도 독특한 성품은 님 웨일즈의 시선을 사로잡기에 충분했다.

> 자못 독특한 인물이며, 이런 인물과 더불어 기야기를 나눌 수 있는 귀한 기회가 결코 두 번 다시 오지 않으리라는 것도 명백한 일이었다. 그는 근래 7년 동안 동양에서 만난 가장 매력 있는 인물 중 한 사람이었다. 그는 내가 만난 혁명가 중에서도 좀처럼 찾아볼 수 없는 몇 가지 특성을 구비하고 있었다. 그는 투철한 의식과 두려움을 모르는 자주성과 완전한 신심을 가지고 있었다.
> 님 웨일즈, 아리랑 중에서

님 웨일즈는 독특한 성품을 지닌 김산을 꼭 필요하다고 생각해서 인터뷰를 시도했다. 님 웨일즈는 김산의 젊은 시절이 분명 궁금했다. 그가 어떻게 성장했으며 어떤 영향을 받고 자랐는지 알고 싶었다. 님 웨일즈는 질문을 쏟아 냈지만 김산에게서 돌아온 대답은 싱겁기만 했다.

> 나는 김산에게 이렇게 말했다.
> "우선 당신의 개략적인 경력을 말씀해 주시고, 그다음에 당신의

젊은 시절에 대해 말씀해 주세요."

"내 젊은 시절이요? 틀림없이 나는 이제 겨우 서른두 살밖에는 안 되었지요. 하지만 나는 내 젊음을 어디에선가 잃어 버렸답니다. 어딘지는 알 수 없지만" 하고 익살스럽게 대답하였다.

님 웨일즈, −아리랑− 중에서

김산은 자신의 젊은 시절을 이야기한다는 것 자체가 사치였다고 느꼈을지도 모르겠다. 조국이 망해 버린 처지에 살면서 민감한 지식인이었던 그에게는 자신보다는 조국이 먼저였을 것이다.

김산은 담담하게 자신의 의견을 님 웨일즈에게 말했다.

> 내 전 생애는 실패의 연속이었다. 또한 우리나라의 역사도 실패의 역사였다. 나는 단 하나에 대해서만―나 자신에 대하여― 승리했을 뿐이다. 그러나 나는 사람에 대한 신뢰와 역사를 창조하는 인간의 능력에 대한 신뢰를 잃지 않고 있다.

그는 자신의 삶이 실패의 연속이었고 조국의 역사도 실패의 역사였지만 결코 사람에 대한 신뢰와 사람이 만들어 내는 역사에 대한 긍정적인 신뢰를 끝까지 포기하지는 않았다.

님 웨일즈에 의해서 알려진 김산의 삶은 파란만장한 삶 그 자체였다. 그리고 그의 죽음은 너무도 허무하게 찾아왔다. 그는 1938년 중국의 정치국 상무위원과 부주석까지 지냈던 캉생(康生)의 지시로 트로츠키주의자이자 일본의 간첩이라는 혐의로 체포돼 처형당한다. 33세의 젊은 나이로 역사의 무대에서 조용히 사라졌다.

이렇게 김산의 조국 독립에 대한 노력과 땀 그리고 눈물은 거의 잊힐 뻔했다. 님 웨일즈가 아니었다면 말이다.

그러나 김산은 님 웨일즈에게 3개월 동안, 22차례에 걸친 인터뷰를 남겼다. 님 웨일즈는 김산과의 인터뷰를 꼼꼼하게 기록하고 책으로 발간하기에 이른다. 바로 이 책이 '아리랑'으로 처음에는 국내보다 국외에서 더 잘 알려지게 되었다. 이 책의 영향력은 미국의 루즈벨트 대통령에게서 볼 수 있는데 그는 바로 '아리랑'을 보고 한국의 실상을 파악했다고 전해진다. 대통령 루즈벨트는 아리랑을 통해서 조선의 역사를 파악하고 있었다고 한다.

님 웨일즈에 의해서 한 사람의 잊힐 뻔한 역사는 다시 우리 앞에 나타났다. 김산 개인의 아픈 역사가 '아리랑'의 노랫소리처럼 지금도 구슬프게 울려 퍼진다. 그러나 한 사람의 기록된 이야기는 잊히지 않을 것이다.

기억에서 지우려 하면 더욱더 생각나는 것이 역사다. 결코 기록된 역사는 잊히지 않고 살아남을 것이다. 김산 개인의 역사처럼 우리의 역사는 아리랑의 노랫소리를 닮아 있다.

조선에는 민요가 하나 있다. 그것은 고통받는 민중들의 뜨거운 가슴에서 우러나온 아름다운 옛 노래다. 아름답고 비극적이기 때문에 이 노래는 300년 동안이나 모든 조선 사람들에게 애창되어 왔다. 젊은이 중 한 명이 옥중에서 이 노래를 한 곡 만들어서는 무거운 발걸음을 끌고 천천히 아리랑고개를 올라가면서 이 노래를 불렀다. 이 노래가 민중에게 알려진 뒤부터 사형선고를 받은 사람이면 누구나 이 노래를 부르면서 자신의 즐거움과 슬픔에 이별을 고하게 되었다. 이 애끓는 노래가 조선의 모든 감옥에 메아리쳤다. 이윽고 죽기 전에 마지막으로 이 노래를 부를 수 있는 최후의 권리는 누구도 감히 부정할 수 없게 되었다. 아리랑은 이 나라의 비극의 상징이 되었다.

님 웨일즈, -아리랑- 중에서

김산은 오히려 행운아다. 지금도 우리가 그를 기억하고 있으니 말이다. 그러나 오히려 독립에 대한 노력과 실천을 감행했음에도 불구하고 역사에서 지워진 익명의 사람들이 더 많을 것이다. 역사는 이렇게 이름 없는 사람들에 의해서 만들어져 왔다. 무명의 용사들이 우리의 역사를 지탱해 온 것이 사실이다. 우리는 잊힌 자들을 존경해야 한다. 그들이 잊히지 않는 사회를 만들어야 할 것이다. 무명의 진정한 자기 길을 걸어간 사람들을 존중하는 사회를 만들어야 한다.

38. 꼭 필요한 길은 반드시 열린다

꼭 필요한 길, 반드시 가야 할 길이 있다면 그 길은 하늘이 만들어 낸다. 아무리 작은 길, 하찮게 보이는 길이라도 사람이 꼭 걸어가야 할 길이 있다면 하늘이 그 길을 먼저 낸다. 그렇기에 길이 없다고 한탄만 하고 주저앉거나 길을 가기를 포기하지 말아야 한다.

길이란 뜻을 가진 사람에게 열리기 마련이다. 뜻을 정하고 길을 끝까지 가고자 한다면 인내하고 기다려라. 반드시 그 길은 열린다. 길이 열리지 않는 까닭은 뜻이 없거나 너무 뜻이 약하기 때문이다. 진지한 마음을 가지고 뜻을 한 방향으로 정해 보라. 길은 뜻을 세운 그곳에 있다.

출판사로부터 무려 350번이나 거절당한 작가가 있다. 1백 편이 넘는 서부 소설을 써서 200만 부 이상이 팔린 성공적인 작가 루이스 라모르가 그 사람이다. 그는 첫 원고를 출판하기 위해 출판사의 문을 두드렸지만 무려 350번이나 거절당했다고 한다.

그가 349번째 거절에 낙망하여 출판을 포기했다면 그는 역사에 남는 작가가 되지 못했을 것이다. 그는 먼 훗날 역사에 기초한 작품으로 국가에 기여한 공로가 인정돼 미 의회로부터 작가로서는 처음으로 특별 메달을 받게 된다.

해리포터의 작가 조앤 K 롤링은 자신의 작품을 출판하기 위해 출판사의 문을 두드렸지만 12개 출판사로부터 거절을 당해야 했다. 그러나 그녀는 절망하지 않았다. 결국 그녀의 책은 세상에 나왔고 날개 돋친 듯 팔려 세계 최고의 갑부 작가가 되었다. 거절당하는 것은 끝이라는 신호가 아니다. 거절당하지 않고 사는 사람은 세상에 아무도 없다. 거절은 새로운 시도를 알리는 신호일 뿐이다.

1953년에 줄리아 차일드와 두 명의 동료는 "미국 가정을 위한 프랑스 요리법"이라는 책을 쓰기로 출판사와 계약을 맺었다. 5년 동안 매달려 850쪽의 원고를 썼지만 거절당하고 또 거절당했다. 그들은 포기하지 않고 8년 만에 새로운 출판사에 도전을 했다.

1961년에 "프랑스 요리 예술의 대가가 되는 법"라는 제목으로 나온 책은 100만 부가 넘는 판매고를 올렸다. 줄리아 차일드는 30년이 흐른 뒤에도 이 분야에서 정상을 달렸다.

더글러스 맥아더 장군은 웨스트포인트 사관학교에 응시했다가 두 번이나 거절당했다. 그러나 그는 포기하지 않고 세 번째 응시해 웨스트포인트에 들어갔다.

이렇게 인생의 길은 거절을 어떻게 처리하느냐에 따라 달라진다. 거절하거나 길이 막힐 때 파괴적 감정으로 처리하면 결코 미래는 다가오지 않는다. 마음을 다잡고 뜻을 붙들어야 한다.

작은 물은 막히면 머물러 증발되어 사라진다. 그러나 큰 물은 스스로 막히면 새 길을 만들어 흐른다. 뜻은 스스로 길을 낸다. 강렬한 뜻을 마음에 품어라.

39. 작은 부분에서부터 시작하라

"작은 물방울이 모이고 작은 모래알이 모이면, 바다가 되고 대지가 된다. 작은 친절한 행동, 작은 사랑의 말은 이 세상을 더 이상 찾을 수 없는 파라다이스로 만들어 놓고야 만다." 줄리안 카르니의 말이다.

작은 실천과 작은 노력 그리고 작은 사건들이 모여서 세상을 바꾼다. 큰 것을 이루려고 욕심을 부린다면 위험에 처하게 될 수 있다. 큰일을 이루려고 한다면 먼저 작은 일부터 중시해야 한다.

<한비자> 제18편 喩老편에는 작은 것을 중시하라는 의미에서 이런 글이 기록되어 있다. 작은 부분을 왜 중요하게 여겨야 하는지를 생각하게 하는 글이다.

> 천 장이나 되는 제방도 땅강아지나 개미의 구멍 때문에 무너지고, 백 척이나 되는 집도 굴뚝 틈새의 불씨로 잿더미가 된다. 그래서 백규(전국시대 위나라 사람)는 제방을 순시하다가 작은 구멍을 막았으며, 나이 든 사람들은 불씨를 막기 위해 굴뚝의 틈새를 막는다. 이 때문에 백규는 수해를 당하지 않았고, 나이 든 사

람들은 화재를 당하지 않았다. 이것은 모두 쉬운 일을 조심해 재
난을 피한 것이며, 작은 것을 삼가 큰 재앙을 멀리한 것이다.

큰 업적을 이루려고 한다면 욕심이 앞서기 마련이다. 욕
심이 앞서면 일을 그르치기 쉽다. 일이 어긋나면 뜻을 버리
게 되고 포기하게 된다. 뜻을 세웠다면 큰 욕심은 버려야
한다. 욕심을 버리고 작은 것부터 시작하라.

작은 것부터 일을 시작하는 것은 큰일을 이루기 위한 지
혜다. 만일 큰 꿈이 있거든 작은 부분에서부터 시작하는 것
이 좋다. 욕심껏 하겠다는 착각은 잠시 접어 두자. 삶은 욕
심대로 되는 것이 아니다.

마라톤을 보라. 마라톤은 단거리 달리기가 아니다. 단거
리 경기처럼 처음부터 빠른 속도로 달리지 않는다. 처음에
는 속도를 조절하며 뛰어간다. 천천히 호흡을 가다듬으며
점차 자기 속도를 찾아가는 것이 마라톤이다.

이처럼 마라톤은 처음부터 끝까지 절제된 속도로 달리는
경기다. 절제하지 못하고 욕심을 부리다 보면 완주하지 못
한다. 중간에 포기하게 된다. 욕심을 자제하고 멀리 있는
목표를 생각하고 천천히 호흡을 가다듬어 달려가는 마라톤
의 지혜가 필요하다.

이런 이야기가 있다. 대구는 사과로 전국적 명성이 높은
곳이다. 대구 사과나무의 효시는 동산병원 초대 원장인 존

슨 선교사에게서 시작된 것으로 추정하고 있다. 선교사 존슨은 1900년 미국 미주리 주에서 묘목 72그루를 가져와 집 마당 텃밭에 심었다. 존슨은 정성껏 사과나무를 심고 물을 주며 잘 보살폈다. 이것이 지금의 대구 지역에서 사과를 재배하기 시작한 처음의 일이었다. 이후 대구 전역에 사과나무가 보급되었고 사과의 명소가 되었다.

이처럼 처음부터 대구에 사과가 많았던 것이 아니다. 한 사람의 작은 일에서 시작하여 지금의 놀라운 결과들이 일어난 것이다. 욕심을 버리고 작은 부분에서부터 천천히 실천해 나간다면 언젠가는 큰 뜻도 어느새 이루게 되는 것이다.

제3부

낮은 곳으로 내려가라

강물이 모든 골짜기의 물을 포용할 수 있음은 아래로 흐르기 때문이다.
오로지 아래로 낮출 수 있으면 결국 위로도 오를 수 있게 된다.
- 회남자(淮南子)

40. 삶에는 높고 낮음이 없다

이탈리아 속담에 이런 말이 있다. "일단 장기놀이가 끝나면, 왕과 졸은 같은 상자 속으로 되돌아간다." 모든 사람은 똑같다는 말을 뜻하는 속담이다. 그렇다. 사람은 모두 똑같다. 높고 낮음이 없다.

또한 살면서 발생하는 어떠한 사건도 좋고 나쁨을 함부로 평가할 수가 없다. 우리 속담에 인생은 새옹지마(塞翁之馬)라는 말이 있듯이 처음에 좋은 것이 나중에는 나쁜 것으로 변할 수 있고 반대로 처음에는 나쁜 것이 나중에는 좋은 것으로 변할 수도 있기 때문이다.

따라서 어떤 사건을 대할 때 기쁨에 도취되거나 반대로 깊은 슬픔에 젖어들 필요는 없다. 단지 담담한 마음을 가지고 삶에서 일어나는 좋은 일과 나쁜 일을 겸허하게 대처해야 한다. 너무 좋아한다거나, 반대로 침울하게 대처한다는 것은 어리석은 일이다. 담담한 마음으로 진실하게 대하면 그것으로 충분하다.

이런 이야기가 있다. 경찰에 쫓기던 범인이 강가에 이르러 막 떠나려는 나룻배를 탔다. 뒤쫓던 경찰이 강가에 도착해 멈추라고 소리쳤지만 이 나룻배의 뱃사공은 귀머거리여서 이를 듣지 못하고 계속 노를 저어 갔다.

범인은 귀머거리가 젓는 배를 탄 것이 참으로 행운이라고 좋아했다. 배가 강을 거의 다 건너갔을 무렵, 맞은편 강가를 보니 거기에도 이미 경찰이 와서 기다리고 있었다.

범인은 뱃사공을 붙잡고, 자기가 죽게 되었으니 빨리 뱃머리를 돌려 강 상류로 올라가자고 소리쳤으나 뱃사공은 전혀 알아듣지 못했다. 범인은 귀머거리가 젓는 배를 탄 것이 참으로 불운이라고 생각하며 가슴을 쳤다.

어떤 즐거운 사건을 만났을 때 기뻐할 일만은 아니다. 삶은 양면으로 이루어지기 때문이다. 웃는 일이 생기면 반드시 우는 일도 생긴다. 반대로 우는 일이 있으면 웃는 일도 발생하게 된다. 삶은 웃음과 눈물이 동전의 양면처럼 붙어 있음을 볼 줄 알아야 한다. 좋은 일은 나빠질 수 있고 비극적인 사건도 얼마든지 희극이 될 수 있음을 기억해야 한다.

41. 잃는 것이 사는 길이다

랍비 아키바(Rabbi Akiva, AD 50~135)는 유대인들에게 가장 존경을 받는 랍비 중 한 사람이다. 그가 한 번은 여행을 하고 있었을 때다. 아키바는 나귀와 개 그리고 조그마한 등잔을 하나 들고 여행길을 떠났다. 땅거미가 지자 아키바는 밤을 지낼 곳을 찾았다. 때마침 헛간 하나를 발견하여 그곳에서 잠을 자기로 하였다.

아직 잠자리에 들기에는 이른 시간이어서 등불을 켜 놓고 책을 읽으려고 했다. 이때 갑자기 바람이 불어와 등불이 꺼지고 말았다. 아키바는 하는 수 없이 잠을 청할 수밖에 없었다. 아침에 일어나 보니 이게 웬일인가? 개와 나귀가 죽어 있었다. 밤사이에 여우가 와서 개를 물어 죽였고 사자는 나귀를 죽였던 것이다.

해가 뜨자 아키바는 등잔만 가지고 혼자서 길을 떠났다. 나귀도 없어서 천천히 걸어가야만 했다. 아키바가 어느 마을에 도착했을 때 살아 있는 사람의 흔적이 보이지 않았다.

이 마을을 천천히 살펴보니 도둑들이 습격하여 마을을 뒤엎고 주민들을 전부 살해하였음을 알게 되었다.

만일 전날 밤, 바람에 등불이 꺼지지 않았더라면 자신도 도둑들에게 발견되어 죽임을 당했을 것이 틀림없었다. 개가 살아 있었다면 큰 소리로 짖어 댔을 것이고 나귀도 살아 있었다면 소란을 피웠을 것이 분명했다. 그랬다면 분명 아키바는 도둑들에게 발각되어 화를 당했을 것이다.

아키바는 자기가 가진 것을 모두 잃은 덕분에 도둑들로부터 목숨을 건질 수 있었던 것을 깨달았다. 아키바는 이렇게 말했다. "아무리 최악의 상황에서라도 인간은 희망을 잃어서는 안 된다. 나쁜 일이 좋은 일로 바뀌는 일도 없지 않다는 사실을 알아야 한다."

그렇다. 치명적 재앙도 좋은 일로 바뀔 수 있다. 삶을 보는 눈이 달라져야 한다.

42. 코끼리가 죽임을 당하는 이유는

코끼리는 그 자랑스러운 상아 때문에 불태워 죽임을 당하게 된다. 사냥꾼이 코끼리의 아름다운 상아를 탐내기 때문이다. 코끼리의 아름다운 상아를 돈으로 생각하는 사냥꾼은 무자비하게 코끼리를 죽이고 상아를 빼앗아 버린다. 코끼리는 자신이 가장 자랑스러워하는 것 때문에 걸려 넘어지고 마는 것이다.

호랑이의 가죽은 아름답다. 그런데 호랑이는 아름다운 가죽 때문에 죽임을 당한다. 사람들은 아름다운 호피를 얻으려고 호랑이를 잡는 데 혈안이 되어 간다. 따라서 호랑이는 자신의 아름다운 호피무늬 가죽 때문에 죽임을 당하는 비극을 맞이하게 된다. 기억하자. 너무 탁월하게 눈에 띄거나 아름다운 것은 화의 원인을 제공하게 된다는 사실을!

사람의 삶도 이와 닮아 있다. 우리는 자신이 자랑스러워하는 것을 늘 조심해야 한다. 주의하지 않으면 그것으로 인하여 비극을 당할 수도 있기 때문이다. 자랑할 만한 것이 있거든 그것을 지혜롭게 다루라. 그 화려한 것으로 인하여 치명적인 상처를 입지 않도록 주의하라.

자신의 재능과 화려함이 오히려 화가 되는 경우가 많다. 헤밍웨이를 생각해 보자. 헤밍웨이는 젊었을 때에는 제1차 세계대전에 적십자 구호반으로 전선에서 활약했다. 전장에서 포탄이 터져서 200개 이상의 파편을 제거하는 수술을 받기도 했다. 그는 이처럼 전쟁터를 누빌 정도로 모험심이 강했고 죽음을 두려워하지 않았던 인물이었다.

1952년 발표한 '노인과 바다'는 인간의 삶을 다룬 치열한 헤밍웨이 자신의 정신세계를 잘 보여 준 작품이었다. 그의 글에는 삶에 대한 원초적인 인간의 모습들을 현장감 있게 담아내고 있었다. 이러한 그의 작품들은 세계인들로부터 인정을 받게 되었고 드디어 1954년 노벨상을 수상하는 영예를 얻게 된다.

하지만 1954년 아프리카 방문 때에 비행기 추락 사고를 두 번 연속 경험하게 되면서 많은 것들이 빠르게 변해 갔다. 이때부터 그의 건강이 급격하게 나빠지기 시작했다. 일시적으로 한쪽 눈을 실명할 정도로 비행기 사고의 후유증은 컸다.

애주가였던 그는 술로 정신적 공백을 완화하려 했지만 결국 정신적인 공황상태에 빠져들게 된다. 헤밍웨이는 계속해서 지독한 우울증의 늪에서 헤어 나오지 못한다. 1960년에 큰 자살 소동을 벌이기도 했다. 삶과 죽음의 가치를 구별하지 못할 정도로 무력해져만 갔다.

대문장가였던 그는 우울증으로 인해서 탁월한 문장력을 구사하던 전성기에서 점점 멀어져만 갔다. 글에 대한 부담감도 점점 커져 갔다.

1960년에 케네디의 대통령 취임식을 위한 헌사를 부탁받고는 글의 영감이 떠오르지 않아 도저히 글을 쓸 수가 없었다. 그는 울면서 하루 종일 책상 앞에 앉아 있었다. 그에게 힘을 주고 영예를 주었던 문장들이 그에게 굴레로만 느껴지게 되었던 것이다. 대문장가였던 헤밍웨이에게 글은 결국 그의 발목을 잡고 놓아주지 않았다. 영감의 샘은 말라 버렸고 갈등은 견딜 수 없이 커져만 갔다.

헤밍웨이는 1961년 7월 2일 아침, 권총 자살로 생을 마감하고 말았다. 가족들의 자살력에서도 그의 자살 동기를 찾을 수도 있겠지만 더 큰 사실은 그가 화려한 경력과 재능이 마음에 큰 부담감으로 작용했던 까닭이었다.

자신의 화려한 경력이 삶을 다치게 할 수 있다는 사실을 기억하자. 그 자랑할 만한 것을 쉽게 생각하지 말자. 화려함이 덫이 될 수 있다는 사실을 기억하자.

43. 높이 올라가되 낮게 살아라 — 호치민

사람은 높은 곳을 좋아하는 경향이 있다. 산도 높은 곳을 다녀오면 사람들이 우러러 본다. 세계 최고봉을 다녀왔다고 하면 사람들은 뜨거운 관심을 보인다. 그러나 이름 없는 낮은 산을 다녀왔다고 하면 관심조차 보이지 않는다. 사람은 어쩔 수 없는 동물인가 보다. 이렇게 높은 곳, 높은 지위를 좋아하는 것을 보면 인간의 본능이 높은 자리를 탐하는 존재가 아닌가 생각하게 된다.

그러나 높은 곳은 위험하다. 바람이 거세다. 높은 곳에서는 오래 버티지 못한다. 정상에 오래도록 머물 수는 없다. 언젠가는 낮은 곳으로 내려와야 한다. 정상에서 살겠다고 다짐을 해도 자연은 그냥 두지 않는다. 오래 정상에 머물려고 욕심을 부리면 자신의 생명을 다치게 될 수도 있다.

그러나 인간의 욕심은 한없이 높은 곳으로만 향한다. 자꾸 올라가려고만 한다. 하지만 높이 오르고 난 후에는 여실히 실망하고 만다. 높은 자리란 실망하는 자리다. 좌절을 경험하는 자리다. 만약 당신이 높이 올라갔다면 빨리 내려오라. 자리 깔고 살겠다는 생각은 처음부터 버려라.

사람에게는 낮은 곳이 안전하다. 낮은 곳에는 바람도 잔잔하다. 추위도 오래가지 않는다. 햇살도 따뜻해서 살 만하다. 사람에게는 낮은 곳, 평범한 곳이 살 만한 자리이지 높은 곳이 살 만한 곳은 못 된다. 낮은 자리를 택하는 사람이 가장 지혜로운 사람이다.

베트남에서 국부(國父)로 존경받는 인물은 바로 호지명이다. 호지명은 비록 우리와는 다른 체제에서 활동한 공산주의자였지만 베트남 국민들의 가슴에는 호지명이라는 이름이 새겨져 있다.

호지명이 존경받는 이유 중 하나는 자신을 낮추고 산 그의 평범한 생활에 있었다. 그는 1911년 프랑스선(船)의 수습 요리사로 프랑스에 건너가 구엔아이 퀙[阮愛國]이란 이름으로 베트남 독립운동을 시작한다. 1969년 그가 사망할 때까지 호치민 자신은 베트남이라는 국가와 국민을 사랑했던 지도자로 기억되고 있다.

호지명은 평생을 낮은 자세로 삶을 살았다. 예를 들어 그가 죽고 난 뒤 유품 중에는 세 가지가 눈에 띄었다고 한다. 먼저 다산 정약용의 쓴 목민심서 중국어판과 다 헤어진 옷 한 벌, 그리고 폐타이어로 만든 슬리퍼 한 켤레가 남아 있었다. 그가 떠난 뒤 남은 결산 물품이 서 가지였다는 사실에서 호지명의 평소 검소한 생활을 엿볼 수 있는 대목이다.

호지명이 그토록 국민들에게 사랑받는 또 다른 이유는 그가 사람을 차별하지 않았다는 데 있었다. 그는 죽음을 앞둔 유언에서 전쟁 당시 미국 편에 섰던 남월남 사람들에게 정치적 보복을 하지 말 것을 당부했다. 또한 자신이 어려울 때 많은 도움을 준 소수민족을 배려하라는 유언도 남겼다. 이러한 호지명의 유언은 베트남에서 차별과 분쟁을 막는 중대한 지침이 되었다. 그는 사람을 차별하지 않았다. 적들까지 용서하는 포용력을 보여 주었다. 이렇게 적을 용서하고 약자를 배려하는 그의 정신은 오늘의 베트남을 지탱하고 있는 국가적인 힘으로 작용하고 있다.

또한 호지명은 평생토록 결혼을 하지 않았다. 자신의 결혼은 곧 국민들과 베트남 독립에 방해될 것이라고 생각하고 80평생을 독신으로 지냈다. 그에게는 자신의 가정보다는 베트남이라는 국가가 더 우선이었던 것이다.

호지명은 대통령이 된 이후에도 자신의 권력이 부패될 것을 염려했다. 이 때문에 그는 가족들의 권력개입을 원초적으로 철저히 차단했다. 호치민의 가족은 충분히 권력을 누릴 자격이 있었음에도 불구하고 호치민은 이를 경계했다. 이러한 호치민에 대해서 백종국 교수의 지적을 살펴보도록 하자.

사실상 호치민의 가족은 일찍 사별한 모친을 제외하면 전 가족이 독립혁명의 전사적 정당성을 가지고 있었다. 형님과 누나는 호치민에 못지않은 독립투쟁 경력을 지녔으며, 그가 경원하던 부친조차도 온건파 독립운동 그룹의 일원이었다. 그러나 그는 형과 누나를 결코 권력의 중심부로 유인할 생각을 하지 않았다. 도리어 철저하게 배제하였다.

그가 대통령이 될 때까지 그의 형과 누나는 '구엔 아이 쿠옥', 혹은 '브옹', 혹은 '호치민'이란 그들의 지드자가 그들의 동생인 '구엔 신 쿵'이라는 사실을 몰랐다. 1945년 베트남이 독립했을 때 형 키엠은 동생 호치민을 30년 만에 하노이에서 만났다. 호치민은 그를 대통령 관저가 아니라 근처 친척집에서 만나 한 시간가량 회포를 풀었다. 형 키엠은 그때조차도 동생이 그가 존경하는 '대통령 호치민' 그 자신인 줄 몰랐다고 한다.

누나는 뒤늦게 신문에 난 새 지도자의 얼굴과 동생의 얼굴, 대통령의 출생 가문이 자신의 가문과 동일하다는 것을 발견하였다. 깜짝 놀란 그녀는 '오리 두 마리와 달걀 20개'를 싸 들고 하노이로 갔다. 대통령은 반갑게 그녀를 맞이하였다. 대통령 관저에서 누나가 가져온 선물을 함께 맛있게 먹었다. 그리고 그녀는 마을로 돌아갔다. 사망할 때까지 그녀는 자신의 마을에서 안락하게 살았다.

백종국, - 호치민의 지도력과 베트남 통일 - 중에서

이렇게 호치민은 자신과 가족들이 높아지는 것을 두려워했다. 자신과 가족들이 높아지면 국민들이 보이지 않기 때문이었다. 철저하게 국가와 국민에게 봉사하기 위해 권력 부패의 조짐을 사전에 예방하고자 가족들과의 관계조차도 거리를 두고 지냈던 지도자였다.

자기를 낮추고 사람들을 위해서 겸손의 등불을 든 사람

은 결코 잊히지 않는 법이다. 호지명이 보여 준 비움과 낮아짐의 정신은 우리에게 많은 것을 생각하게 한다. 자신을 낮추고 살아 보라. 자기 능력을 과시하려 들려고 하지 말고 오히려 몸을 낮추고 낮아져라.

44. 자기 능력보다 모자라게 앉아라

지금 앉아 있는 지위는 당신에게 맞는 자리인가? 이런 자리에 앉으려거든 당신의 능력에서 약 70%의 정도의 자리에 앉을 일이다. 자신의 100%의 능력을 발휘하는 자리에 앉아 있다면 위험하다. 힘을 다해서 지켜야 할 자리라면 오래가지 못하기 때문이다.

힘에 부치는 자리라면 자신이 평상시에 자연스럽게 능력을 발휘할 수 있는 자리가 아니기 때문에 더더욱 위험하다. 전력질주는 단거리에서나 필요한 주법이지 장거리 경주에서는 사용할 수 없는 주법이다. 처음부터 힘을 소진하면 오래갈 수가 없는 것은 자연의 이치와도 같다.

힘을 다 쓰지 말고 힘을 비축할 수 있는 자리, 자유로운 자리에 앉으라. 노력을 하되 조금은 여유를 두고 노력할 수 있는 자리를 택하라.

여유를 두고 일하되 다시 도약할 수 있게 하라. 여유와 여백을 갖는다는 것은 자유로운 공간을 확보하는 지혜로운 선택인 것이다.

힘은 모두 한 번에 써 버리라고 있는 것이 아니다. 힘이란 소중하게 다루고 아낄 줄 알아야 한다.

힘을 비축하는 방법이란 자신의 능력 밖의 일들에 대해서는 포기할 줄 아는 데 있다. 참 지혜는 무엇인가를 가득 채우는 데 있지 않고 오히려 헐겁게 하고 가볍게 만드는 데 있다.

지혜의 스승으로 사람들에게 영향을 끼쳤던 크리슈나무르티는 자신의 가르침으로 부와 명성을 얻을 수도 있었다. 하지만 그는 자신의 주변에 모여드는 수많은 사람들의 권고와 달콤한 유혹에도 불구하고 철저하게 이익을 내려는 유혹을 배제했다.

그에게 가장 큰 유혹은 이른바 종단(宗團)을 만들자는 제안이었다. 자신의 종단을 만들면 크리슈나무르티라는 종단의 수장이 되어서 일생 동안 명성과 부를 축적할 수 있었다. 하지만 그는 종단을 만들자는 유혹을 뿌리치고 혼자만의 목소리로 사람들을 가르쳤다. 진리는 다수에 의해서 흐려진다는 사실을 그는 알고 있었던 까닭이었다. 그는 일생을 홀로 지내며 명징한 목소리를 냈다.

이와는 반대로 라즈니쉬는 자신이 가지고 있는 능력을 모두 사용하며 살았다. 그는 열 대가 넘는 캐딜락을 사들여 타고 다녔다. 결코 적은 돈이 아니었다. 또한 그에게는 자가용 비행기가 있었다. 그는 다른 나라에 가서 강의를 할 때에는 자신의 자가용 비행을 이용해서 여행을 하곤 했다.

라즈니쉬는 자신이 거처하는 '아쉬람'을 관람하는 데 대해서도 돈을 받고 들여보냈다. 이 때문에 결코 적지 않은 수입을 올렸다. 이렇게 라즈니쉬 자신이 할 수 있는 경제적인 힘을 충분히 누리고 사용하며 사는 사람이었다.

라즈니쉬의 이러한 경제적 이익에 근거한 행동들은 많은 사람들에게 비판을 받았고 결국 미국으로부터 추방을 당하는 수모를 겪게 된다. 라즈니쉬는 어떠한 힘보다도 경제적 힘을 더 신뢰하며 자신의 가르침과 반대로 살았던 것이다.

힘을 다 사용한 사람은 그 자리를 지키지 못하는 법이다. 힘을 다 사용하지 마라. 라즈니쉬처럼 자기 능력을 철저히 다 사용하려 들지 마라. 오히려 절제하라. 능력을 다 사용하려 들면 쇠잔해지기 마련이다. 힘을 아끼고 보존하자. 결코 다 사용하려 들지 말자.

45. 가장 낮은 곳에서 살아라 – 테레사 수녀

테레사 수녀는 낮은 자리에서 살다 간 사람이다. 그녀는 자신이 가진 모든 것을 가난한 사람들에게 주고 간 우리 시대의 대표적인 사람이라고 할 수 있다.

그녀가 처음부터 가난한 사람들만을 생각하고 봉사에 매진한 것은 아니다. 전환점이 있었다. 테레사가 인도의 캘커타에서 봉사를 하면서 결정적인 서원을 한 적이 있었다. 이때 그녀는 "가난한 사람들 가운데서도 가장 가난한 사람들에게 헌신한다."라는 서원을 한 것이 중요한 전환점이 되었다.

캘커타의 가난한 사람들은 먹을 것도 부족하고 잠자리도 없어서 거리에서 잠을 자곤 했다. 가난한 사람들은 거리에 넘쳐나고 있었다. 이때 테레사는 가난한 사람들 중에서도 가장 가난한 사람들에게 가기로 결단을 했다. 낮은 곳에서도 가장 낮은 곳으로 가겠다는 결단이었다.

테레사는 말한다. "우리가 빵에서 그리스도의 몸을 보듯이 가난한 사람들 가운데서 가장 가난한 사람의 비참한 모습을 하신 주님을 보아야 합니다." 이것이 테레사의 결단이요 고백의 내밀한 동기였다. 그녀는 가난한 사람들 속에서 그리스도를 보았던 것이다. 그녀는 가난한 사람들을 보았고 가난한 사람들이 그리스도로 보였기 때문이었다.

사람들이 테레사 수녀를 보면서 가장 감명을 받았던 부분 중에 하나는 그녀가 모든 사람들을 똑같이 대한다는 점이었다. 특히 그녀는 어린 학생들을 대할 때에 잘사는 학생도 가장 가난한 학생과 똑같이 대했다. 누가 수업료를 제대로 내는지, 누가 내지 못하는지, 누가 조금만 내는지 아무도 모르게 차별 없이 대했다. 그녀의 이러한 행동은 가장 낮은 곳으로 가겠다는 원초적 결단 속에 이미 자리 잡고 있었다.

그녀가 빈민가에서 봉사를 하고 저녁에 수도원으로 돌아올 때에는 가진 돈을 모두 가난한 사람에게 털어 주고 그녀 자신은 수도원까지 한 시간씩 걸어오는 때도 있었다. 가난한 사람들에게 자신이 가지고 있는 모든 것을 다 주었던 까닭이었다.

이렇듯 그녀는 자신의 모든 것을 주길 원했고 또 실천했다.

테레사는 한 사람, 한 사람을 소중히 여겼다. 결코 한 사람의 인격을 집단적으로 대하는 태도를 보이지 않았다. 테레사 수녀는 이렇게 말했다. "난 결코 대중을 구하려고 하지 않습니다. 난 다만 한 개인을 바라볼 뿐입니다. 난 한 번에 단지 한 사람만을 사랑할 수 있습니다. 한 번에 단지 한 사람만을 껴안을 수 있습니다. 단지 한 사람, 한 사람, 한 사람씩만……. 따라서 당신도 시작하고 나도 시작하는 것입니다. 난 한 사람을 붙잡을 뿐입니다. 만일 내가 그 한 사람을 붙잡지 않았다면 난 4만 2,000명을 붙잡지 못했을 것입니다."

봉사를 실천하려거든 테레사처럼 작은 부분에서부터 일하라. 하루에 한 가지씩만 실천하라. 작은 부분에서 작은 실천을 쌓아 가라. 1년을 실천한다면 365가지의 실천을 하게 될 것이다. 한 번에 너무 많은 것을 하려고 하지 마라. 좌절하지도 말라.

푸블릴리우스 시루스의 말을 기억하자. "사람은 가장 높은 곳에 올라가려면 가장 낮은 곳부터 시작해야 된다." 그렇다. 가장 높이 오르려거든 가장 낮은 곳으로부터 시작하라.

46. 좋은 것만을 취하려 들지 마라

　사람들은 좋은 것만을 선택하려고 노력하며 살아간다. 좋은 것만을 선택하는 삶이 잘못된 것은 아니다. 그러나 좋은 것만 선택하는 삶은 과연 행복한 삶일까? 꼭 그렇지는 않다. 때로는 부족한 것, 모자란 것들을 자발적으로 선택할 줄 알아야 한다.

　좋은 길만 탐하고 거친 길, 고생길은 피하려는 마음에는 함정이 도사리고 있음을 기억하라. 거친 길을 피하면 피할수록 더 고통당하기 마련이다.

　동의보감에 의하면 당뇨병은 귀인(貴人)들에게 있는 병이라 했다. 당뇨병은 좋은 것만을 섭취하고 편안하게 생활하는 사람에게 찾아오는 병이라는 이야기다. 좋은 것을 선택하고 편안함만을 누리면 몸이 망가지기 쉽다. 생활 속에서 거친 음식도 먹고 몸을 고통스럽게 움직여야 건강하다.

　날씨가 너무 좋기만 하면 태양은 밝게 빛나겠지만 그 땅은 사막이 되듯이 좋은 것만을 선택하면 득보다는 실이 더 많게 된다. 덜한 것, 못난 것, 이익이 되지 않는 것, 귀찮은 것을 선택하는 것이 삶의 진수다.

한국인들은 풍수지리를 좋아한다. 풍수에 대한 믿음이 좀 과하다 보니 선거철이 가까워지면 묏자리를 옮기는 정치인들도 간혹 생긴다. 좋은 묏자리를 만들어 자신들이 성공할 것을 기원하는 마음으로 좋은 명당을 찾는다.

그러다 보니 좁은 땅에서 묘지만 넘쳐 난다. 나만 좋은 자리를 차지해서 덕을 보겠다는 탐심이 나라 전체를 어지럽히고 있는 꼴이 되고 말았다.

풍수학자 최창조 교수는 풍수를 연구하면서 명당자리라는 것이 과연 있는가에 대해서 고민했다고 한다. 그는 이렇게 말한다. "만약에 명당이냐 아니냐 하는 것이 마음먹기에 달렸다면 풍수는 무엇 하러 배우나 하는 생각이 머릿속을 떠나지 않았다. 회의는 그렇게 시작되었다. 마음공부를 하면, 수양(修養)을 하면, 그것이 결국 풍수 공부가 되는 것이 아니겠는가."

최창조 교수는 수양이 곧 명당으로 작용하는 것이라고 주장한다. 그가 말하는 명당이란 "땅을 사람 대하듯 하면 된다."는 점이다. 정성과 진실한 마음으로 땅을 대하면 그곳이 곧 명당이라는 말이다.

문제는 사람들이 땅에 마음을 주지 않기 때문에 길흉이 생기게 된다는 이야기다. 그의 말이 옳다. 사람을 대할 때처럼 그 땅에 먼저 정을 주라. 그렇다. 사람의 마음이 길흉

(吉凶)을 결정한다. 길(吉)과 흉(凶)은 마음의 상태에서 나오는 것이지 땅의 좋고 나쁨에 있지 않다.

자족할 줄 알면 나름대로 즐거운 인생이 될 수 있다고 최창조 교수는 강조한다. 그는 빈민가에서도 명당을 구할 수 있다고 했다. 왜냐면 마음이 편하면 그곳이 명당이 되기 때문이다.

그가 말하길 명당은 제 눈에 안경이다. 자기가 좋아서 잡으면 그곳이 명당이다. 최 교수는 공연히 어려운 이론에 빠질 것이 아니라 그저 땅과 친해지고 얘기를 나눌 수 있는 정서를 가꾸는 것이 먼저라고 권면한다.

진정한 사랑이란 모자라고 못난 것을 포용하는 것이 진짜 사랑이다. 땅도 그렇다. 모자라고 못난 땅을 포용하는 것이 진정한 땅에 대한 사랑이다.

다 훌륭하고 좋은 것이라면 나 아니라도 사랑해 줄 사람은 얼마든지 있을 것이다. 오히려 지고지순한 사랑이란 다른 것에 비해서 떨어지는 것, 문제가 있는 것, 좋지 않은 것에 대해서일 때 의미가 있다. …… 풍수적으로 완전한 땅은 없다. 모자란 땅의 결함을 메우는 방법을 찾는 것이 진짜 풍수이다.
　　　　　　　　최창조, －산에 올라 세상을 읽다－ 중에서

좋은 것만을 취하는 탐심만 발동하는 사람이라면 어찌 진정 사람이라고 할 수 있겠는가? 내게 싫은 것, 꺼림칙한 것, 좋지 못한 것도 취할 줄 아는 사람만이 공동체 전체를 생각할 줄 아는 큰 사람이 아니겠는가?

우리 선조들이 선택했던 지혜를 이용할 줄 알아야겠다. 마음이 편안하다면 그곳이 어딘가는 상관이 없다.

> 명승지를 골라서 휘황찬란하게 집을 짓고 빼어난 풍경을 즐기고 음악에 젖어 사는 사람은 당대에 권력과 부귀영화를 이룬 사람들이 하는 바이다. 그러나 나는 그런 생활을 원하지 않는다. 하물며 사람이 누리는 즐거움이란 내면에 존재하지 외면에 있지 않다. 따라서 참으로 자신의 마음이 편안하다면 오랑캐와 야만족이 사는 나라에 가서 살지 못하겠는가? …… 풍토가 좋지 않고 누추한 곳이지만 내 마음이 편안한데, 내가 이곳을 버리고 어디로 간단 말인가.
> 고전연구회 사암, －조선 지식인의 아름다운 문장－ 중에서

그렇다. 즐거움이란 우리의 내면에 존재하지 외면에 있지 않다. 마음에서 나오지 땅에서 나오지는 않는다. 땅이 좋고 나쁨은 우리들의 마음에서 나오는 것이지 외적 조건에 달려 있지 않다.

좋은 땅을 찾고 집을 짓고 살겠다는 욕심 때문에 자연을 파괴하고 마음을 어지럽히는 어리석은 일만 하게 된다. 모두 그만둬라. 오히려 못난 자리, 모자란 자리에 터 잡고 살면서도 만족할 줄 안다면 세상은 크게 달라질 것이다. 못난 자리에 앉아 보라. 그 자리를 마음으로 받아들여 보라. 분명히 달라질 것이다.

47. 좋은 자리는 재앙의 자리다

구약성서를 풍수지리적인 시선에서 바라보면 재미있는 대목이 나온다. 아브라함과 조카 롯의 이야기에는 풍수지리적인 관점에서 살펴볼 수 있는 재미있는 요소가 들어 있다.

이 이야기에 의하면 아브라함과 조카 롯은 함께 번성하였고 세력이 커져 가면서 조금씩 갈등이 생기게 되었다. 급기야 그들은 더 이상 함께 살아갈 수가 없었다. 종들 사이에 다툼들이 일어나곤 했기 때문이다.

이 때문에 아브라함은 조카 롯에게 좋은 장소를 선택할 권한을 주어 떠나보내게 된다. 롯의 눈에는 소돔 땅은 물이 풍성한 곳이었고 신의 동산 같아 보였고 이집트 땅처럼 풍요로운 곳이었다. 롯은 그곳으로 가면 더 크게 성공할 것이라고 본능적으로 판단했다. 이에 롯은 소돔 땅을 선택하고 들어간다. 아름답고, 풍요롭고 편안한 땅이 소돔 땅이었다.

하지만 결과는 참혹했다. 소돔 땅은 하나님의 분노로 멸망하고 만다. 아름답고 풍요로운 소돔 땅에서 살던 롯은 자기와 가족들만 데리고 빠져나오는 처량하고 실패한 인생으로 전락하고 만다. 거기에다가 롯의 아내는 소돔 땅에 대한 미련을 떨치지 못하고 뒤를 돌아보다가 그만 소금기둥이 되고 만다. 롯이 선택한 아름답고 풍요로운 땅에 대한 선택은 그 결과가 풍요로움이 아니라 좌절과 실패로 마무리되고 말았다.

이 이야기가 보여 주고 있듯이 사람들의 눈에 보이는 좋은 길지가 때로는 흉지로 변하기도 한다는 것이다. 내가 욕심을 부리는 곳이면 남도 욕심을 부리는 곳이 된다. 좋은 땅을 차지하려고 서로 모여들면 도시가 형성된다. 그러나 지나치게 많은 사람들이 욕심을 부려서 모여들면 그 도시는 환경적으로도 병들게 되고 이후에는 정신적으로도 황폐화된 도시로 전락해 간다. 사람이 살 만한 땅이 되지 못하는 것이다.

롯의 이야기에서 교훈을 얻듯이 서로 좋은 자리만을 탐낼 일이 아니다. 오히려 좋지 않은 자리, 변두리, 사람들 눈에는 눈에 띄지 않는 자리를 선택한다면 보다 가치 있는 삶, 의미 있는 삶을 만들어 가게 될 것이다.

48. 열악한 장소를 선택하라 - 슈바이처의 선택

목사의 아들로 태어나 철학자, 신학자, 목사, 음악가 그리고 의사의 일생을 살았던 사람이 있었으니 그가 곧 슈바이처 박사다. 슈바이처는 재능도 있었지만 그를 아프리카로 떠나게 한 것은 고통 속에서 살아가는 사람들에 대한 관심이 있었기 때문이었다.

슈바이처는 이미 20대에 쓴 논문으로 인해서 신학 분야에서 주목받는 세계적인 학자가 되어 있었다. 하지만 슈바이처의 마음은 고통스러웠다. 자신이 신학을 공부하면서 발견한 예수의 정신은 고난의 자리에 서 있는 낮은 자의 모습이었다. 학자적인 양심과 진리를 따르고자 했던 슈바이처는 자신이 예수의 정신과 괴리되어 살고 있는 것은 아닌지 괴로워했다.

이렇게 고민하던 중에 자신의 신학적 생각과 일치된 삶을 살기 위해서 결단을 감행하기로 한다.

그는 아프리카에 가서 어려운 사람들을 돌보리라는 결심

을 실천에 옮기기로 한 것이다. 그때부터 슈바이처는 구체적인 준비에 들어갔다. 그는 서른한 살이라는 늦은 나이에 의과 대학생이 되었고 1905년부터 7년 동안 의학 공부에 전념했다. 드디어 1913년 아프리카의 랑바레네로 가서 환자들을 돌보며 함께 생활하기 시작했다. 슈바이처는 죽을 때까지 아프리카 랑바레네에서 환자들과 함께 생활했다.

만약 슈바이처가 좋은 길, 편안한 길을 선택했다면 어떻게 되었을까? 독일에서 이름 있는 학자는 되었을지 몰라도 인류의 가슴에 따뜻한 감동과 영감을 주지는 못했을 것이다. 슈바이처가 먼저 선택한 낯선 길, 불편한 길, 낮은 길은 오늘도 그를 따르려는 많은 사람들에게 영감을 주고 있다.

슈바이처가 아프리카 랑바레네에서 일할 때에는 궂은 일, 어려운 일, 험한 일을 구별하고 분별하지 않았다. 좋은 것만을 취하려 들지 않았고 어려운 일, 힘든 일을 묵묵하게 잘 감당했다. 쟁기를 가는 소처럼 묵묵히 자신의 밭을 갈았다.

슈바이처에 관한 이런 이야기가 전해 온다. 어느 날 슈바이처가 한참 나무를 다듬고 있는데 옆에서 흑인 청년 한 명이 물끄러미 쳐다보고 있었다.

"그냥 서 있지 말고 함께 일을 합시다."

슈바이처가 이렇게 말하자 청년은 이렇게 대답했다.

"나는 공부를 한 사람이라 그런 노동은 안 합니다."

"나도 학생 때는 그런 말을 했소만 공부를 많이 한 후엔 아무 일이나 한다오." 슈바이처의 말이었다.

공부를 좀 한 사람은 일을 가려서 하려고 한다. 좋은 일, 돋보이는 일, 칭찬 듣는 일을 선택하려 한다. 하지만 공부를 많이 한 슈바이처 같은 사람들은 일을 가리지 않고 한다. 이들에게는 좋은 일, 힘든 일의 구별이 사라진다. 모두 하나가 될 뿐이다. 좋은 것, 힘든 것, 귀한 것, 천한 것, 모든 것이 동일한 일일 뿐이다. 더 이상 구별하려 들지 마라. 모두가 똑같은 일임을 기억하라.

49. 물이 멈추는 곳은 가장 낮은 곳이다

물은 흘러서 작은 시냇물로 향한다. 그곳에서 자신을 더 낮추고 내려가 강으로 흘러 들어간다. 물은 여기에 만족하지 않는다. 이보다 낮은 곳으로 찾아든다. 물은 바다로 흘러 들어간다. 물은 결국 세상에서 가장 낮은 곳, 즉 바다에 들어섬으로써 여행을 멈춘다. 가장 낮은 곳에 이르러 머무는 것이 물의 지혜다.

자신을 낮추고 아래로 내려가는 사람은 안전하다. 자신을 낮추는 자는 오래도록 사람들의 뇌리 속에 기억되는 삶으로 남게 된다.

작가 최인호는 이렇게 말했다. "진실로 그가 덕이 있다면 이름을 감추려 할수록 그 이름은 더욱 새로워질 것이다. 잊힘을 두려워하여 이름을 내보인다 해서 잊히지 않는 것은 아니다. 오히려 …… 도에 들수록 잊히려 해도 잊히지 않는다. 숨기면 숨길수록 숨겨지지 않는다. 버리면 버릴수록 버려지지 않는다."

그렇다. 버리면 버릴수록 버려지지 않는다. 이것이 삶이 우리에게 역설적으로 가르쳐 주는 인생의 지혜다.

중국 문학의 거장으로 불리는 바진은 그의 나이 101세에 소천하였다. 그는 현대 중국 6대 거장 문학가로 불리는 존재였다. 그에게는 많은 화려한 수식어가 따라다녔다.

죽음을 앞둔 바진은 후대에게 이런 부탁을 했다. "내가 살던 집을 유적지로 만들지 마라. 내 이름으로 문학상을 만들지 마라." 바진은 사람들이 자신의 업적을 기리지 않게 되길 바랐다.

과연 이런 유언을 남기기 쉬울까? 쉽지 않다. 평소에도 그런 자세로 살았을 때 이런 유언이 가능하다.

바진이 남기고 싶어 했던 바는 우리에게는 큰 교훈이 되고 있다. "자신의 업적을 자랑하지 마라. 평소에는 노력하고 성실한 자세로 살되 떠날 때에는 그 흔적을 남기지 마라."

흔적을 남기지 마라. 바진처럼 자신을 죽을 때까지 비우는 삶은 사람들의 마음속에서 오래도록 기억될 것이다.

50. 생명의 존귀함은 똑같다

사람이 대하는 모든 생명은 소중하다. 생명에는 경중이란 있을 수 없다. 생명에는 높고 낮음이 있을 수 없다. 모두가 동일하게 귀하다. 이런 이야기기가 있다.

나무 아래에서 한 성인이 바르게 산다는 것이 무엇인가, 진정한 사랑이 무엇인가 골똘히 생각하고 있었다. 그때 매에게 쫓기던 비둘기 한 마리가 그의 품 안으로 도망쳐 들어왔다. 성인은 비둘기를 감싸 안고 내놓지 않았다.

"난 배가 고파 미치겠소. 내 먹이를 빨리 내놓으시오."

매는 텅 빈 배를 가리키며 울부짖었다. 성인은 고개를 저었다.

"이 가련한 비둘기의 생명을 내팽개칠 수 없다. 차라리 비둘기 무게만큼 내 살점을 베어 가라."

매는 양쪽에서 무게를 달 수 있는 천칭저울을 가져왔다. 성인은 넓적다리 살점을 베어 올려놓았다. 한쪽엔 비둘기가 한쪽엔 살점이 올라간 저울은 비둘기 쪽으로 기울었다. 성인은 피를 흘리면서 살점을 더 베어 냈다. 그래도 비둘기 쪽이 무거웠다. 분명 비둘기 무게 이상의 살을 떼어 냈음에도 불구하고 저울은 비둘기 쪽으로 기울고 있었다. 성인은 벌떡 일어나 저울 위에 자신의 몸을 올려놓았다. 그제야 저울은 평형을 이루었다. 그때 홀연히 매는 그 자취를 감추었다.

이 이야기에서 말해 주듯이 생명의 무게에는 차별이 없다. 모두가 똑같다. 어떤 것이 귀하고 어떤 것은 천한 생명은 없다. 생명을 귀하게 대하라. 소중하게 생각하라.

하물며 사람의 생명에는 차별이 없다. 낮고 천한 삶이라고 함부로 대할 수는 없다. 낮고 어려운 삶을 사는 삶이기에 오히려 그들을 귀하게 대할 책임과 의무가 우리에게 있다.

51. 다리가 되어 주어라

　최근에는 한국에 들어와서 노동하며 살아가는 이주노동자들을 가볍게 여기는 풍토가 많이 줄어들고는 있다. 반가운 소식이 아닐 수 없다. 하지만 아직도 이주노동자들에 대한 편견은 쉽게 뿌리가 뽑히지 않는 실정이다.

　영국에서는 매년 제노포비아(Xenophobia, 외국인혐오증) 관련 범죄가 수만 건 발생한다고 보고되고 있다. 우리나라도 예외는 아니다. 이주노동자가 40만 명, 불법 체류자가 22만 명에 이른다. 한국은 외국인 혐오증인 제노포비아(Xenophobia)의 사각지대라고 말할 수 있다.

　혼혈인들을 경멸스럽게 대해 왔던 과거 우리의 모습을 보면 상처의 흔적이 짙게 배어 있다는 것을 알 수 있다. 그들이 받았을 상처와 충격에 대해서 무감각했던 것이 사실이다.

　한국인들은 나와 피부색이 다르고 언어가 다른 사람들을 용납해 주는 관용의 정신이 부족했다. 이제부터라도 외국인들, 우리와는 피부색이 다른 또 다른 우리들을 포용하고 더불어 살아가는 관심이 필요한 때이다.

우리 모두가 이주노동자들에게 다리가 되어 주자. 다리란 이쪽과 저쪽을 연결해 주는 버팀목의 존재다. 다리는 사람들의 주목을 끌지 못한다. 그래도 묵묵하게 그 자리를 지키고 있는 것이 다리다.

주의 깊게 보지 않으면 다리의 역할을 과소평가하기 일쑤다. 하지만 다리가 사라지면 그때에는 이야기가 달라진다. 불편함은 말할 것도 없고 다리가 말없이 역할을 해 주었던 빈자리의 가치가 아쉽게 느껴진다. 다리가 그토록 필요했음을 그때서야 알게 된다. 우리가 다리가 되어 준다면 지금은 좀 불편해도 나중에는 그들이 으리를 기억해 줄 것이다.

다리는 비록 일상 속에서는 주목받지 못하지만 그 역할만큼은 높은 가치를 지닌다. 보이지 않는 곳, 눈에 띄지 않는 곳에서 이주노동자들에게 다리가 되어 보자. '험한 세상 다리 되어'라는 노랫말처럼 이쪽과 저쪽을 연결해 주는 다리가 되어 주자.

52. 외국인 친구를 도와주어라

　수학분야에서 세계적으로 명성을 떨친 일본의 기쿠치 박사가 젊은 시절 영국의 옥스퍼드 대학에서 유학하던 때의 일이다. 당시 동양인이 외국에서 유학한다는 일은 매우 드문 일이라 기쿠치는 옥스퍼드에서 유일한 동양인이었다. 입학한 지 얼마 안 되어 기쿠치는 학교 안에서 모르는 사람이 없을 정도로 유명해졌다. 시험이 있을 때마다 항상 1등자리를 놓치지 않았던 것이다. 그 일로 영국학생들의 자존심은 푹 꺾였다. 기쿠치 다음으로 2등을 하고 있던 브라운이라는 영국 학생의 마음은 더욱 안타까웠다.

　그러던 어느 해 학기말 시험을 얼마 앞둔 날이었다. 기쿠치는 독감을 앓게 되어 학교를 며칠 쉬어야만 했다. 이 사실이 학교에 퍼지자 영국 학생들은 이 기회에 브라운이 1등을 할 수 있게 되었다며 몹시 좋아하였다. 몇몇의 친구들은 브라운을 찾아가 그에게 용기를 심어 주었다.

　"브라운 잘해, 그 원숭이 같은 작은 녀석을 보기 좋게 꺾어 주라고!"

브라운은 싱긋 웃어 보일 뿐이었다. 기말 시험 날이었다. 기쿠치는 핼쑥해진 얼굴로 학교에 나왔다. 영국학생들의 비웃는 듯한 눈초리를 받으며 기쿠치는 시험을 치렀다. 며칠 뒤 학교 게시판에 성적이 발표되었다.

와글와글 모여 있는 학생들 틈에서 누군가 실망스런 목소리로 소리쳤다.

"이런, 또 기쿠치가 1등이야!" 브라운이 1등을 할 것이라는 철석같은 믿음이 깨진 것이다. 그때 기쿠치가 게시판 근처로 걸어왔다. 어안이 벙벙해진 영국학생들이 한 걸음 물러섰다. 기쿠치가 서투른 영어로 말했다.

"내가 병석에 있으면서도 수석을 할 수 있었던 것은 모두 브라운 덕분입니다. 브라운은 매일매일 그날의 강의를 가지고 내 방을 찾아와 교수님과 똑같은 강의를 해 주었습니다."

그 얘기를 듣고 영국 학생들은 아무도 고개를 들지 못하였다. 기쿠치는 영국인 친구 브라운을 평생 잊지 못했다. 비록 그가 공부는 더 잘할 수 있었지만 영국인 브라운이 보여 준 넓은 마음만큼은 따라갈 수 없었고 브라운의 마음은 일생 동안 그의 기억에 남아 있었다.

53. 창의적으로 도우라
- 노숙자 학교(Riches for the poors)

노숙자를 위한 강좌는 미국의 작가이자 교육실천가인 얼 쇼리스(Earl Shorris) 씨가 처음 시작하였다. 그는 1995년 '클레멘트 기념관'에서 노숙자, 마약중독자, 시설수용자 등을 상대로 인문학 강좌를 시작하였다. 이 때문에 노숙자를 위한 강좌를 '클레멘트 코스'라고 부르기로 한다.

클레멘트 코스는 자기 존중감의 회복을 목표로 한다. 강의는 초등학교 수준의 강의가 아니라 인문교양 교육을 중심으로 하는 수준 높은 강좌를 진행한다. 이 강의는 단순 직업기술 습득을 위한 기계적인 강좌가 아니다.

이 강의는 결코 일방적이지 않다. 스스로 생각하고 묻고 답하도록 하는 이른바 소크라테스식 교육방법으로 진행된다.

얼 쇼리스는 빈민들을 위험한 인물로 만들자는 목표로 강의를 진행했다. 위험한 인물을 만들자는 뜻은 곧 자기 운명을 스스로 통제를 할 수 있는 시민을 만들겠다는 얼 쇼리스의 의지였다.

그는 가난한 사람은 결코 자기 운명을 스스로 결정하지 못하기 때문에 가난하다고 진단했다. 스스로 운명을 결정할 수 있다면 가난은 극복된다고 믿었다. 스스로 운명을 결정하는 사람은 그 사회에서 가장 위험한 시민이자 필요한 시민이라는 것이 그의 지론이었다. 그는 이러한 스스로 운명을 결정할 줄 아는 시민을 만들기 위해서 가난한 사람들을 위해서 강좌를 열기 시작했다.

> 클레멘트 코스의 예비수강생들에게 강연할 때면, 나는 이렇게 말하곤 한다. "나는 여러분을 록펠러처럼 부자로 만들어 드리겠습니다. 아니 어쩌면 여러분은 록펠러보다 더 큰 부자가 될 수도 있습니다. 왜냐하면 록펠러 집안사람들이라 해서 모두 인문학을 공부하는 것은 아닐 테니까요. 앞으로 인문학을 공부하면, 여러분은 '부'를 누릴 수 있게 될 것이며, 여러분은 충분히 그럴 만한 자격이 있습니다." 나를 포함해 수업을 담당하는 교수나 코스 책임자들 그 어느 누구도 수강생들에게 인문학이 그들을 정치적 주체로 설 수 있게 해 준다는 말을 하진 않는다. 여기서 '정치적 주체로 선다'는 것은 진정한 의미에서 시민이 된다는 뜻이다."
> 얼 쇼리스, - 희망의 인문학 - 중에서

가난한 자에게 부를 주겠다는 약속이 아니라 스스로 운명을 결정하는 주체적인 인간으로 발전하도록 돕겠다는 것이 그의 뜻이었다.

이처럼 얼 쇼리스는 우리 시대에 꼭 필요한 이상주의자

다. 그는 현재 임파선 암 제4기 판명을 받은 암 환자이기도 하다. 자기 스스로 어려운 상황에서도 가난한 사람을 위한 그의 행동은 지금도 쉬지 않고 계속되고 있다.

클레멘트 코스의 처음 시작은 가난한 사람들의 근원적인 가난의 고리를 어떻게 하면 끊을 수 있을까 하는 고민에서 시작됐다. 가난한 사람들을 가난에서 빠져나오게 하려면 경제적인 개선책만으로는 불가능하다고 보았다.

가난의 원인은 경제적인 문제인 것만 같지만 그는 현대 사회에서의 가난은 문화적 소외에서 비롯되고 있다고 진단한다. 왜 가난한 사람은 예술, 철학을 논하지 못하고 역사와 과학에서 소외되는가?

이러한 현상에는 가난한 사람들은 일반인들이 접하는 연주회와 공연, 박물관, 강연을 접하지 못하며 생활한다는 사실이 뒷받침하고 있다. 결국 가난한 사람들의 삶이란 문화의 결핍으로 이어지고 있고 가난과 문화결핍은 밀접한 상관관계가 있다는 것을 증명해 주고 있다고 그는 생각했다.

이처럼 얼 쇼리스는 문화적 사고가 결여된 상태에서는 깊이 있게 사고하는 법, 현명하게 판단하는 법을 모르게 되고 평생 가난한 생활을 벗어날 수 없다고 보았다. 따라서 이러한 문화적 소외의 악순환의 고리를 클레멘트 코스를 통해서 조금씩 끊어 내고자 한 것이다.

그가 지적하듯이 가난이 존재하는 곳에는 폭력이 악순환

된다. 이 폭력은 같은 처지에 있는 가난한 사람들을 향한 폭력으로 이어진다. 이것이 더욱 심각한 문제다. 가난한 자가 가난한 자를 더더욱 억압하는 악순환이 발생한다.

> 자신이 처한 상황에 대해서 곰곰이 생각할 여유가 없이 즉각적으로 대응한다는 것입니다. 모든 형태의 공황상태에서는 단순대응만이 가능할 뿐이지요. 그리고 포위망 안에서는 폭력이 난무하게 되는데 외부를 향한 것이 아니라 서로에 대한 폭행이 자행됩니다. 가난한 사람들이 부자들에게 저지르는 범죄보다 자기처럼 가난한 사람들에게 행하는 범죄가 더 많습니다.
> 얼 쇼리스, - 희망의 인문학 - 중에서

클레멘트 코스를 이수한 사람들은 강좌를 마치고 나면 많은 변화를 보여 왔다. 정규 교육을 제대로 받지 못한 가난한 사람들이 예상과 달리, 내용을 충분히 소화해 냈기 때문이다. 놀라운 것은 이들이 가난을 딛고 일어날 힘을 얻었다는 점이다. 또한 정치적 주체자로 성장하는 데도 성공하고 있다는 점이다. 이제 이들은 스스로의 운명을 결정할 능력들을 얻게 된 것이다.

특히 마약중독자였던 한 사람은 이 코스를 마친 뒤에 대학에 진학했고, 지금은 카운슬러로 활동하고 있다.

또 다른 폭력적이며 공격적이었던 한 사람은 상대방이 자기에게 거짓말을 하고 있는 것을 알면서도 강의에서 배운 대로 "소크라테스라면 이 순간 어떻게 했을까?" 하는 질문을 자기에게 던지며 분을 삭였다고 한다. 이 사람처럼 이들은 자기 스스로를 컨트롤할 수 있는 능력을 얻게 된 것이다. 자기 운명을 스스로 결정할 줄 아는 사람들로 거듭난 것이다.

얼 쇼리스는 말한다. "인문학이 여러분을 부자로 만들어 줄까요? 분명히 그럴 것입니다. 단, 돈을 많이 벌게 해 준다는 의미에서가 아니라, 삶이 훨씬 풍요로워진다는 의미에서의 진정한 부자로 말입니다."

이것이 그의 철학이자 핵심이다. 그의 강의는 가난한 사람들을 진정한 부자로 만들어 주고 있다.

현재 한국에서는 교도소에서 재소자들에게 클레멘트 코스 강좌를 열 계획이다.

진정 가난한 사람들을 돕는 길은 돈을 주는 것이 아니다. 돈을 주는 기부행위는 일시적인 처방이 되기 쉽다. 근원적인 처방은 스스로 생각하며 자기 삶을 통제할 줄 아는 삶을 살도록 교육하는 길이다.

얼 쇼리스는 그 방법을 아는 사람이었고 실천할 줄 아는 진정한 이상주의자다. 가난한 자들의 눈높이로 내려가 자신의 눈을 그들의 시선으로 세상을 바라보고 그들을 이끌어 주는 우리 시대에 꼭 필요한 현자임에 틀림이 없다.

54. 사랑하라

사랑한다는 말은 사량, 즉 당신을 생각한다는 생각의 양에서 사랑이라는 말이 나왔다. 사랑하면 생각이 많아진다. 생각하면 사랑의 깊이도 더 깊어지기 마련이다. 그래서 사랑이다.

체코어에 의하면 사랑한다는 말은 "당신의 부재로 인하여 견딜 수 없습니다."라는 말이라고 한다. 사랑한다는 것은 사랑하는 임에 대한 부재를 인식하는 것이다. 그가 없으면 견딜 수가 없어서 그를 찾아 나서는 것이 사랑이다. 그 사람의 부재를 찾아서 채우려는 지속적인 시도가 곧 사랑이라는 말이다.

식물은 사랑할 때가 찾아오면 색깔과 향기가 달라진다. 화려한 빛이나 상대를 유혹할 수 있는 향기로 제 몸을 치장한다. 꽃이 화려하다는 것은 사랑할 준비가 끝났다는 의미다.

이처럼 모든 존재는 사랑하면 존재 자체가 빛을 발한다. 사랑은 우리를 빛나는 존재로 만들어 간다.

우리는 사랑할 때 모두 빛나는 존재들이 된다. 하지만 시간이 흐르면서 빛나는 존재들은 차츰 그 빛을 잃어버린 탈색된 존재들이 되어 버린다. 그윽했던 향기는 사라지고, 그 자리에서 악취가 나기도 한다. 밝은 빛은 빛깔이 탈색되어 흐릿한 모습으로 보는 이의 눈을 찌푸리게 만든다. 모두 눈을 돌리고야 만다. 사랑이 탈색되어 버렸기 때문이다.

다시 사랑하라. 향기를 머금고 빛을 발하는 사랑을 하자. 사랑하고 사랑받는 존재로 탈바꿈하자. 아직 살아야 할 시간, 사랑해야 할 시간들은 많이 남아 있지 않은가?

55. 오래도록 사랑하려면 서로 존중하라

오래도록 지속적인 사랑을 하려면 서로를 존중해야 한다. 사랑의 고운 빛깔을 오래도록 지니려면 서로가 존중하는 마음에서 시작해야 한다.

결혼 생활을 시작할 때에는 이 사람과 결혼하면 이러이러한 덕을 보겠다는 생각을 하기로 한다. 하지만 그런 생각은 접어야 한다. 이 사람과 결혼하면 행복해지겠거니 하는 막연한 생각이 결혼생활을 어렵게 만드는 원인이 된다.

오히려 내가 결혼해서 상대에게 이러이러한 도움과 버팀목이 되어 주겠다는 생각을 하면 두 사람의 사랑은 오래도록 지속된다.

율곡 이이 선생에게는 좀 모자란 부인이 있었다고 전해져 온다. 하루는 율곡 선생의 아버지 제삿날이었는데 율곡의 부인이 사람들 앞에서 제사상의 음식을 집어 먹었다. 이것을 보고 깜짝 놀란 친족들은 율곡 선생에게 말려야 하지 않겠냐고 물었다고 한다. 이때에 선생은 이렇게 대답했다.

"선친께서 생전에 제 아내를 귀여워하셨으니 아버님도 이해하실 겁니다. 그냥 음식을 먹도록 내버려 두십시오." 율곡은 부족한 아내를 있는 그대로 사랑했던 것이다.

이처럼 율곡은 부족한 아내와 한평생을 함께했지만 결코 아내를 탓하지 않았다. 율곡은 아내에게 버팀목이 되어 주겠다는 마음으로 살았던 것이다.

이것은 현재를 사는 우리들이 가정생활을 어떻게 해야 하는지를 보여 준 참된 배우자의 모습이다.

부족할지라도 상대를 존중해 주라. 진정 아끼는 마음으로 존중할 때 사랑의 빛깔은 오래도록 빛날 것이다.

56. 제자를 위해 빈껍데기가 되어라

어디선가 읽은 책에서 황병기 선생은 이런 말을 했다. "제자들을 가르치면서 잃은 것이 있다면 제자들을 가르침으로 인해서 내 자신의 실력은 줄어들고 제자들의 가야금 '음'을 따라가게 되더라." 이 말은 황병기 자신의 가야금 실력은 제자들을 가르치면서 오히려 줄어들게 되었다는 것이다.

정말 그렇지 아니한가? 사람을 가르친다는 것은 자기의 모든 것을 내어 주는 것이다. 나를 줄이고 제자들을 크게 만드는 역할이 곧 스승의 역할이 아니던가? 제자를 가르치고 나면 스승은 오히려 줄어들게 되는 것이 정상이다. 모든 것을 쏟아 주었기 때문에 남은 것이 없는 사람이 스승이다. 스승은 자신의 내면의 것을 제자에게 주고 자기는 빈껍데기만 가지고 살겠다는 각오를 지닌 사람이 참스승이다.

좋은 스승이란 제자들이 가지고 있는 내면의 기질을 밖으로 최대한 끌어 올려주는 사람이다. 제자가 가지고 있는 기질을 다듬어 주되 장점을 최대치로 표현할 수 있도록 돕는 사람이 스승이다. 제자의 기질과 내면의 역량을 바로 읽어 내지 못하고 끄집어내지도 못하면 큰 실수를 하게 된다. 제자들을 그르치게 만들 수도 있기 때문이다. 따라서 스승은 제자의 기량을 읽을 줄 알고 최대한 자신을 드러내도록 도와야 한다.

> 선생이 생각하는 틀 속에 학생을 가두려고 하면 안 됩니다. 돌아보면 말 안 듣고 숙제 안 해 오던 학생이 더 성공합디다. 상 몇 개 받고 정기적으로 전시회나 하면서 내다보면 화단은 활력을 잃게 됩니다. 학생을 자유롭게 놓아주면서도 자신감을 북돋워 주는 스승이 좋은 스승이겠지요.
> 차범석, ─제자, 스승에게 길을 묻다─ 중에서

스승이란 결국 참사람을 길러 내는 역할을 하는 사람들이다. 자칫 제자들이라고 해서 너무 얽어매도 안 되고 너무 느슨하게 해서도 안 된다. 제자들의 내면 깊이 숨어 있는 능력을 끌어내려면 제자에게 자유를 빼앗기도 하고 때론 무한한 자유를 부여하기도 해야 한다. 이 지혜로운 역할을 하는 사람들이 스승이다.

돌아가신 전우익 선생이 쓴 글에는 스승에 관한 뼈아픈 이야기가 있다. "쟁이가 수제자일 때 사람대접 못 받고, 그것이 괴롭고 분해서 수없이 도망치려 한대요. 그래서 의젓

한 쟁이가 되어 수제자 거느리자 친절했대요. 그렇게 기른 제자가 제구실 못 하더래요." 이 글귀를 읽고 한동안 필자는 생각에 잠겼다. 내가 힘들어서 배웠기 때문에 편하게 제자를 가르쳤더니 제구실을 못 하는 제자가 되었다는 말이 필자의 머릿속에서 떠나지 않았다.

그렇다. 스승이란 분별력과 본능적 감각을 지닌 사람이어야 한다. 너무 무리하지도 너무 가볍게 대해서도 안 된다. 균형 잡힌 중용적인 감각으로 매서울 때는 서릿발같이 차가운 엄중함도 때로는 필요하다. 사람을 만드는 과정이 그래서 힘들다. 따라서 스승이란 따뜻함과 차가움, 이 두 가슴을 모두 적절하게 꺼내어 구사하는 능력 있는 어른들이 진정한 스승이다.

57. 너무 깊게 개입하지 마라

　사람을 돕되 너무 지나치게 깊게 개입하지는 말아야 한다. 마음이 앞서서 너무 성급하게 도우면 도움을 받는 사람을 무기력하게 만드는 결과를 가져올 수 있다. 어려운 사람을 도우려거든 상대가 스스로 일어날 수 있도록 개입과 방임의 기술을 지혜롭게 사용해야 한다.

　사람을 도울 때에는 때로는 적극적인 개입도 필요하고 때로는 모르는 척하는 방임의 기술도 필요하다. 마치 농부가 벼농사를 짓듯이 해야 한다. 농부가 벼농사를 지을 때에 너무 깊이 개입해서 벼에게 좋은 환경을 제공해 주면 벼가 약해진다. 잡초도 뽑아 주고 병충해도 손수 막아 주면 벼는 빈약한 열매를 맺기 쉽다. 때로는 농사를 짓되 벼 스스로 자랄 수 있도록 어느 정도만 개입해야 한다. 나머지는 벼 스스로 자생력을 갖도록 하는 것이 벼농사를 잘 짓는 기술이다.

　부모가 자식을 기르는 것도 마찬가지다. 아이가 예쁘고

귀엽다고 항상 좋은 것만 주면 아이는 부모를 의존할 줄만 알지 독립할 줄 아는 자립심이 약해지는 것이다. 아이가 예쁘고 귀할수록 거리를 둘 줄도 알아야 한다. 마마보이라는 속칭이 나오는 것을 보면 우리 사회는 자식들을 무력하게 기르고 있다는 증거가 아닐 수 없다.

성서에 나오는 사무엘이라는 인물은 어머니 한나에게는 귀한 아들이었다. 어렵게 얻은 아들이었다. 그런데 이 귀한 아들은 어머니 한나와 떨어져서 자라게 된다. 성전에서 길러지는 아들로, 일찍부터 부모를 떠나 살게 된다. 어린 사무엘에게는 고통이었을지도 모른다. 그런데 이렇게 일찍 부모와 떨어져 지낸 인물이 이후에 이스라엘에서 중대한 역할을 감당해 내는 선지자로 성장하게 된다. 부모로부터 일찍부터 독립한 결과라 하겠다.

성서에 나오는 훌륭한 인물들 중에는 부모와 단절된 시간들을 보낸 인물이 있다. 그 한 예로 요셉을 들 수 있다. 요셉은 아버지 야곱의 사랑을 독차지했던 아들이었다. 형제 중 당시 유일하게 색동옷을 입혔을 정도로 귀하게 여긴 아들이었다. 이 아들이 이후에 형들의 시기에 의해서 이집트의 노예로 팔려 가는 아픔을 겪게 된다. 이때 나이 불과 13세 소년이었다. 요셉은 아버지 집에서 귀하게 자랐지만 결국 부모와 생이별을 경험하게 된다. 그런데 이야기는 이것으로 끝이 아니다.

이렇게 헤어진 요셉은 이집트에서 노예생활의 혹독한 기간을 보낸 뒤로 이집트의 총리로 등극하게 된다.

요셉이 이렇게 성장할 수 있었던 까닭은 다름 아니라 역설적으로 들리겠지만 사랑을 받던 그 부모와 헤어짐을 당한 결과였다. 부모의 사랑이 개입되지 못하고 온전히 방임된 상태에서 요셉은 큰 인물로 성장할 수 있었다.

이런 까닭에 사람을 도울 때 지혜롭게 생각해야 한다. 어디까지 개입하고 어디에서 중단해야 할지를 생각해야 한다. 무작정 도우려고 달려든다면 오히려 한 사람의 인격과 삶을 망치는 결과를 가져올 수 있다. 하지만 방임의 기술은 더 어렵다. 분별력을 가지고 개입과 방임을 신중하게 결정해야 할 것이다.

제4부
마음의 균형, 그것을 지켜라

고난과 눈물이 나를 높은 예지로 이끌어 올렸다.
보석과 즐거움은 이것을 이루어 주지 못했을 것이다.
− 페스탈로치(Pestalozzi, Johann Heinrich)

58. 불평하는 마음을 들여다보라

　사람의 마음은 언제나 불만족스럽다. 미국의 영화감독 우디 앨런(Woody Allen)이 사람의 마음에 관하여 표현했는데 여전히 적절하다. "나는 뉴욕에 있을 때는 유럽에 가고 싶고 유럽에 있을 때는 뉴욕에 가고 싶다." 참으로 가장 적절한 표현이다. 사람의 마음이란 것이 워낙에 간사해서 원하던 것을 얻으면 그 즉시 다른 것으로 욕망의 방향을 바꾼다. 따라서 사람이 마음의 만족을 누리는 상태란 그리 쉽지 않다.

　마음은 이미 얻은 것에 대해서는 만족하지 않는다. 그래서 감사하는 마음을 잃기 쉽다. 흔히 결혼한 남자들이 하는 말로 "이미 잡은 물고기에게 떡밥을 주지 않는다."는 말이 있다. 사람은 이미 얻은 것에 대해서는 깊이 감사하려고 들지 않는다. 마음의 속성은 가지고 있지 못한 것만을 바라보고 애를 태우는 것이 일반적인 경향성이기 때문이다.

　사람이 불만을 갖게 되는 이유는 더 많은 것을 소유하려는 기대에서부터 시작된다. 경제적인 영역에서도 그렇다.

수입이 증가하면 행복해질 것 같다. 하지만 일정한 수입 이상의 돈을 벌게 되면 행복감은 더 이상 증대되지 않는다. 마음의 행복은 경제적 풍요로움만으로는 도달하지 못하는 것이다.

'행복과 경제학'의 저자 브루노 프레이(Bruno Frey)에 의하면 "부의 축적이 곧 행복의 열쇠는 아니다."라고 주장한다. 그에 의하면 세계는 지난 세기에 놀라운 소득증대를 달성해 왔다. 하지만 사람들은 더 행복해졌다고 말하지 않는다. 경제적 상황은 훨씬 나아지고 있지만 많은 부를 축적했음에도 불구하고 누구도 행복을 느끼지 못하는 상황이다. 이것이 인간 마음의 딜레마이자 실체이다.

한층 비관적인 전망은 다른 경제학자들의 연구의 결과를 보면 알 수 있다. 이들에 의하면 "부가 증대하면 할수록 오히려 불행감은 더 높아진다."는 충격적인 연구 결과를 내놓았다. 사람은 가진 것이 증가할수록 불행의 감정은 증가할 수도 있다는 사실이 밝혀진 셈이다. 다음 이야기를 들어 보면 더 확실해질 것이다.

9세기에 세계를 지배했던 사라센 제국의 압둘라만 3세는 당시 세계에서 가장 큰 왕국을 49년 동안이나 통치했다. 그 기간 동안 그의 수입은 3억 달러에 달했고, 세계 최강의 군대를 가지고 있었다. 그는 3,321명의 아름다운 왕후들을 거느렸고, 616명이나 되는 자녀들을 두었다.

하지만 그가 숨을 거두면서 마지막으로 남긴 말은 이랬다. "오랜 세월 동안의 영예로운 통치에도 불구하고 내가 진정으로 행복을 누린 날은 단 14일뿐이었다."

그렇다. 사람은 많은 부와 권력, 여성을 얻는다고 행복이 자동적으로 증대되지는 않는다. 욕망이 커질수록 욕망을 따라잡을 수 없기 때문에 결코 만족할 수 없다. 욕망의 불이 꺼져야만 만족을 누릴 수 있고 비로소 행복감을 느낄 수 있는 것이다. 행복은 무엇을 기대하느냐가 아니라 무엇에 대한 감사에서 시작되는 것이다.

59. 자기만 보지 마라

가난한 유태인 한 사람이 랍비를 찾아와 말했다.

"랍비님, 제게는 40년 동안이나 가깝게 지낸 죽마고우 한 사람이 있습니다. 그런데 막대한 유산이 굴러 들어온 후부터 그 친구는 아주 다른 사람이 되어 버렸습니다. 길에서 만나도 인사는커녕 나 같은 사람은 전혀 모르는 체 그냥 지나쳐 버립니다. 글쎄, 어떻게 이럴 수가 있습니까?"

랍비는 길게 난 수염을 쓰다듬다가 천천히 입을 열었다.

"이리로 오게. 창밖을 보게나. 무엇이 보이지?"

유태인 남자가 대답했다.

"나무가 보입니다. 나무 한 그루가 더 보입니다. 아이들이 놀고 있군요. 남자들이 모여 무슨 일을 하고 있습니다."

"그런가? 그러면 이번에는 이 거울 앞에 서서 거울 안을 들여다보게나. 무엇이 보이지?"

"저 외에는 보이는 것이 없습니다."

"그런 것이라네. 사람이 돈을 가지고 있지 않는 동안은

창밖을 내다보는 것과 같이 무엇이나 잘 보이지만, 웬만큼 돈을 가지게 되면 유리 뒤에 은을 바른 것과 같이 자기 외에는 아무것도 보이지 않는 것이라네."

돈이 생기면 자기만 보게 되는 경우가 많다. 밖을 내다보라. 자기에게 묶이지 마라. 돈 때문에 자기에게 묶인 사람은 더 이상 밖을 볼 수가 없다. 그 사람은 돈의 감옥에 갇혀 사는 사람일 뿐이다.

60. 행운도 불행이 된다

2002년 성탄절에 미국 사상 최대의 복권에 당첨된 웨스트버지니아 주(州) 거주 잭 휘태커(57) 씨는 3억 1,400만 달러를 손에 쥐게 되었으나 불과 2년 만에 그는 그 많던 돈을 다 날리고 쪽박을 차게 되었다. 뿐만 아니라 단란했던 그의 가정은 풍비박산이 되었고 휘태커 씨는 재활센터에 강제 수용되었다.

건설업자로 그럭저럭 살아가던 휘태커는 세금을 제하고도 1억 1,300만 달러(약 1,328억 원)를 받아 세 곳의 교회에 700만 달러를 기부하는 등 한동안 겸손한 삶을 사는 것 같았다. 그러나 어쩌다 스트립쇼 클럽과 카지노, 경마장 등에 발을 들여놓은 것이 화근이 되었다. 그 많던 돈을 2년 만에 탕진하고 그는 빈털터리가 되고 만 것이다.

몇 년 전에는 8월 스트립쇼 클럽 앞에 주차된 차에서 현금과 수표 등 54만 5천 달러를 도난당한 사실이 밝혀지면서 그의 방탕한 생활은 세상에 알려지기 시작했다. 벌써 그는 이 정도의 돈을 들고 다닐 만큼 도박장의 큰손이 된 것이었다.

휘태커 씨는 음주운전으로 두 차례나 체포되어 재활센터에서 28일간 교육을 받으라는 강제수용 판결을 받았고, 나이트클럽과 경마장에서 일으킨 난동사건으로 두 건의 소송에 휘말려 있었다. 또 술집 지배인을 폭행한 또 다른 사건에 대해선 지난 13일 스스로 법정 소송을 포기했다. 그의 사무실과 집에는 여러 차례 도둑이 들었고 그중 한 번은 도둑이 들었던 날 손녀딸의 남자 친구가 집 안에서 시체로 발견돼 아직까지 경찰 수사가 진행 중이다. — 조선일보 2004. 12. 15 — 참조

휘태커 씨의 경우처럼 돈이 많아진다고 행복감이 자동적으로 증가되지는 않는다. 행복이란 사람의 많은 노력과 정성을 필요로 한다.

쇼펜하우어의 말을 기억하자. "돈을 유용하게 사용할 수 있는 방법 가운데 가장 유익한 것은 사기를 당하는 것이다. 왜냐면 그 대가로 현명함을 얻을 수 있기 때문이다." 기억하자. 돈을 많이 소유하고 돈에 묶여 사는 것보다는 돈을 잃어버리는 것이 낫다. 돈을 잃고 나면 돈으로는 살 수 없는 것을 얻게 된다. 돈을 잃게 되면 지혜를 얻게 되기 때문이다.

61. 성형에는 성공주의 욕망이 담겨 있다

몇 년 전 뉴욕타임스에 한국인들의 성형에 관한 글이 실린 적이 있었다. 기사에 의하면 한국인들이 성형하는 이유는 여러 가지가 있는데, 여성들은 좋은 배우자를 만나기 위해서 성형에 대한 관심을 가지게 되고 남성들의 경우에는 좋은 직장과 승진의 기회를 얻기 위한 방법으로 성형에 동참한다는 사실을 지적하였다.

특히 성형은 점술가들의 권유로 인해서 행한다는 사람들이 많았다. 점술가들의 어떤 부분을 성형하면 이것이 곧 성공, 행운으로 이어진다는 조언을 대부분 사람들이 받아들이고 있다고 지적했다.

뉴욕타임스는 한국인에게 성형은 좋은 결혼이나 직장에서의 승진에 관련되어 있고 결국 이러한 성형은 지나친 '성공주의'라는 신화에 전 국민이 매여 있다고 비판했다. 현재의 한국인에게 성형이라는 것은 '성공'이라는 우상과 연관지어 살고 있다는 것이다.

우리도 의식하지 못하는 사이에 얼굴을 고치지 않으면 성공을 못 한다는 공통적인 인식이 한국 사회 깊숙이 들어와 있다. 분명 오늘날의 한국인들은 성공에 지나치게 집착하고 있는 것이 분명해 보인다.

그러나 성공이나 출세가 삶의 전부는 아니다. 성공에 집착할수록 삶의 의미를 잃게 될 수 있다. 오히려 성공에 집착하기보다는 성공과 실패가 주는 교훈 너머를 바라보는 눈이 필요한 시점이다. 성공의 함정에 빠지지 말자. 성공의 기준이란 단지 허상일 뿐이라는 사실을 기억하자.

62. 꽃을 탐하지 마라

대나무의 꽃에 대해 생각해 보자. 대나무의 한 종류인 오죽(烏竹)은 거의 60년마다 꽃을 피운다. 근데 오죽이 꽃을 피우는 해에는 이상하게도 다음 해에는 어김없이 기근이 든다고 한다. 생태학자 차윤정에 의하면 "오죽이 꽃을 피우면 가뭄이 든다."고 지적한다. 과학적인 원인은 분명하지 않다. 하지만 오죽이 꽃을 피우고 나면 기근이 온다는 사실은 거의 확실한 것처럼 받아들여지고 있다. 그렇다면 오죽의 꽃이 가지고 있는 기근을 알리는 예언적 기능은 참 독특하다고 하겠다.

대나무는 꽃이 피면 죽게 되는데, 그 이유를 들여다보면 잎이 돋을 자리에서 꽃이 피기 때문이란다. 대나무는 잎이 없으면 광합성을 할 수 없기 때문에 대나무에 꽃이 피면 광합성 작용의 부족으로 죽게 되는 것이다. 이파리가 있어야 할 자리에 꽃만 무성하게 되어 대나무는 생존할 수 없게 되는 이치다.

기억하자. 아름다운 오죽에 꽃이 피고 나면 푸르던 이 땅에 가뭄이 찾아든다. 꽃은 성공과 영광을 의미한다. 그런데 왜 대나무에게서 화려한 꽃이 피고 난 후에는 어김없이 가뭄이 찾아오거나 대나무가 집단 몰살을 하는 것일까? 생각해 보면 자연의 조화는 신비롭기만 하다. 대나무의 꽃은 화려함의 극치다. 최고의 자리에 오른 후에는 죽음을 맞게 되는 것이다.

성공이라는 주제와 연관 지어서 대나무의 삶을 생각해 보자. 대나무는 자신의 죽음을 꽃을 피움으로써 마지막을 장식한다. 그렇다. 대나무 숲은 한꺼번에 찬란한 꽃을 피우고 나면 대나무 숲 전체가 생을 마감한다.

대숲 전체가 죽는 과정은 이렇다. 십 년 또는 백 년 주기로 대나무에 꽃이 피면 2~3년 동안 계속 피우다가 3년째는 꽃만 달고 그대로 죽고, 이어서 대밭 전체가 동시에 꽃을 피워 한꺼번에 고사한다. 이른바 대나무의 집단 자살이다. 이 모습은 화려함의 극치요, 비극의 미학이라고도 할 수 있다.

꽃은 아름답다. 향기도 좋다. 꽃은 사람들에게 관심을 끌고 인기를 끈다. 인간세상으로 말하자면 꽃은 성공한 자리다. 많은 사람들이 성공의 꽃을 피우기를 소원한다. 그러나 꽃의 영광은 이처럼 잠시뿐이다.

모두가 꽃이 되려 한다면 사회 전체가 집단적 자살의 길로 접어들 수밖에 없다. 너도나도 꽃이 되겠다고 나서면 누가 이파리가 되어서 고된 광합성의 역할을 감당하려 하겠는가? 꽃이 모자란 것이 아니라 이파리가 없어서 대나무는 죽게 된다. 꽃만 무성해지면 대나무 전체의 생명이 위태로워지는 것이다.

예로부터 대나무는 선비, 오늘날로 말하자면 지식인들을 상징해 왔다. 비유하자면 꽃을 화려하게 피운 대나무, 즉 성공한 선비는 이름을 팔기 때문에 죽게 된다.

오늘날의 지식인의 모습도 이와 같다. 자신의 얼굴을 알리기 위해서 지식을 팔아먹고 이름을 팔게 되면 그다음에는 정신적 가뭄이 기다리고 있음을 암시하고 있다. 대나무에게서 얻는 교훈은 자기 자신의 시퍼런 정신을 팔지 말고, 고귀한 정신을 가두고 지켜 가라는 경고로 받아들일 수 있다.

성공에 현혹된 이 땅의 지식인들이 꽃을 피우려고 너도나도 달려간다면 이후 우리 사회에 찾아드는 것은 정신적 가뭄이고 싸늘한 죽음뿐이다. 특히 지식인들이 여기저기 떼로 몰려다니며 꽃을 탐닉한다면 어느 누가 사회를 지탱하는 정신과 가치를 보존한단 말인가? 사회의 정신건강의 척도는 그 사회에 영양분을 제공하는 지식인들의 성향에 달려 있다. 지식인들이 성공을 탐닉하는 병에 걸려 있다면 일반인들의 상황은 불을 보듯 훤하다.

한국 속담에 "빨리 피는 꽃이 빨리 진다."는 말이 있다. 꽃이 아름다우면 그 나무는 쉽게 망가지는 법이다. 아름다운 꽃을 사람들은 그냥 보지 않는다. 꽃이 아름다우면 꽃구경한답시고 주변에 사람들이 모이게 되고 당연히 손을 많이 타게 되는 법이다. 결국 꽃은 자기 수명을 다하지 못하고 떨어지게 된다. 운명의 끝이다. 이렇게 꽃이 화려하면 오래 가지 못한다. 성공이 화려하면 화려할수록 아픔도 크다.

이와는 반대로 꽃이 보잘것없는 나무나 풀들은 자기 수명을 다한다. 못난 꽃, 꽃 같지 않은 꽃을 가지고 있는 식물들은 오래도록 자기 자신을 보존할 수 있다.

논과 밭의 길가에서 자라는 뚝새풀을 본 적이 있는가? 독새풀이라고 불리는 뚝새풀은 산천에 지천으로 널려서 거칠게 자라난다. 사실 뚝새풀도 꽃을 피운다. 사람들은 뚝새풀에게는 꽃이 없다고 생각한다. 왜냐면 뚝새풀에게서 꽃처럼 생긴 꽃을 잘 찾아내지 못하기 때문이다. 뚝새풀은 그냥 잡초로만 보인다. 그러나 뚝새풀을 자세히 보면 그 자체가 꽃이다. 꽃이 꽃 같지 않아서 사람들은 꽃 취급은커녕 잡초로만 대접받게 될 뿐이다. 덕분에 뚝새풀은 오래도록 자신을 지킬 수 있고 번성하게 된다. 뚝새풀은 안전하게 씨앗을 뿌리고 더 번성해 간다.

기억하자. 모양이 화려하지 않은 꽃은 사람의 시선을 덜 받기 마련이다. 따라서 남들에게 부러운 시선, 질투의 시선으로부터 멀어지게 되면 안전하기 마련이다.

꽃이 되려 하지 마라. 못난 꽃이라도 그 모습대로 자리를 지키고 살아가라. 언젠가는 그 못난 모습 때문에 기쁜 미소를 지을 날이 찾아올 것이다. 자기 모습 그대로 살아가는 최상의 모습이 되게 하라.

63. 못생긴 나무가 살아남는다

    요즘 아파트를 짓는 현장에 가 보면 아파트의 정원에 큰 소나무들을 옮겨 가득 채워 놓는 경우가 많다. 족히 10미터는 넘을 법한 소나무들이 아파트 한 귀퉁이에 심겨지고 있는 모습들을 아파트 공사 현장에서 흔하게 볼 수 있다. 이 나무들을 보고 있자면 안타까운 생각이 들곤 한다. 너무도 멋지게 자랐기 때문에 저 고통을 당하는 것이 아닌가 하는 생각을 하게 된다. 아름답게 자라지 않았더라면 지금쯤 산 속 깊은 곳에서 자연스럽게 성장할 것이건만 사람들이 좋아할 만한 멋진 나무로 자라나서 척박한 도심의 아파트 정원으로 옮겨지게 된 것이다.

    이런 이야기가 있다. 어느 깊은 산에는 여러 종류의 나무들이 숲을 이루고 있었다. 이 숲에는 키가 훌쩍 크고 멋있는 나무가 사람 팔 길이의 몇 배가 되는 굵은 나무들이 한껏 제 모습을 자랑하고 있었다. 숲 한쪽에는 키도 작고 쭉 뻗지도 못한 나무도 있었다.

멋있고 큰 나무들은 매일 제 잘난 모습을 자랑했다. 하지만 못생기고 작은 나무는 흉한 제 모습에 부끄러워해야만 했다.

그러던 어느 날 마을의 목수가 산에 올라왔다가 큰 나무를 발견하고는 재목감으로 정하고 그만 싹둑 베어 갔다. 큰 나무를 베어 갔던 목수는 그 이튿날 다시 숲에 나타나 이번에는 굵은 나무를 도끼질해 베어 갔다.

목수는 이렇게 매일 숲에 들어와 잘나고 키 큰 나무들을 모두 베어 갔지만 작고 못난 나무는 쳐다보지도 않았다. 키 크고 굵은 나무들은 잘난 모습 때문에 일찍 생명을 잃었지만 키 작은 나무는 못난 모습 때문에 마음껏 제 수명을 다 누리고 또 산을 지킬 수 있었다.

당신도 아는가? 너무 화려하고도 멋진 모습만을 갈구하면 언젠가는 위험에 처하기도 한다는 사실을? 자기의 생긴 모습 그대로를 받아들이고 만족하게 살아가는 삶이 언젠가는 이 땅의 산을 푸르게 만들 것이다. 모자란 부분을 원망하지 말고 도리어 감사하게 받아들여라. 그 모자람 때문에 자신을 지킬 수 있는 것이다.

64. 나무에게 배워라

　나무는 존재 자체가 메시지다. 높은 산속의 나무는 조용히 서 있으면서 사람들에게 이렇게 말하는 듯하다. "주어진 환경을 탓하지 마라. 나를 봐라. 나도 이렇게도 척박한 환경 속에서 살아가고 있다." 그렇다. 환경을 탓하지는 마라. 나무는 소리 없이 우리에게 메시지를 전달해 준다.

　작가 이양하(李敭河, 1904～1963)에 의하면 나무가 전해 주는 메시지는 '덕' 있는 모습이다. 나무는 만족할 줄 아는 덕을 지닌 존재다. 이양하가 써 내려간 '나무'의 모습에는 선명한 메시지가 적혀 있다.

　　나무는 주어진 분수에 만족할 줄을 안다. 나무로 태어난 것을 탓하지 아니하고, 왜 여기 놓이고 저기 놓이지 않았는가를 말하지 아니한다. 등성이에 서면 햇살이 따사로울까, 골짜기에 내려서면 물이 좋을까 하여, 새로운 자리를 엿보는 일도 없다. 물과 흙과 태양의 아들로, 물과 흙과 태양이 주는 대로 받고, 득박(得薄)과 불만족(不滿足)을 말하지 아니한다. 이웃 친구의 처지에 눈떠 보는 일도 없다. 소나무는 소나무대로 스스로 족하고, 진달래는 진달래대로 스스로 족하다.

이양하의 관점에 따르면 나무는 자신이 처한 삶에 만족할 줄 안다. 어느 곳에 태어나도 만족할 줄 아는 존재다. 왜 그곳에 있어야 하는지 이유를 묻지 않는다. 그저 자신의 자리에서 더욱 굳세게 살아갈 방법만을 찾아낼 뿐이다. 환경을 탓하지 않고 살아갈 방법을 모색한다. 원인을 분석하기보다는 미래를 생각하며 어떻게 하면 생존할 수 있는지 방법만을 찾는다.

나무는 한 번 뿌리를 내리면 일생 동안을 움직이지 않는다. 사람들처럼 이리저리 움직이지 않는다. 음지에서 뿌리를 내리면 음지에서 한평생을 지낸다. 겨울이 아무리 혹독해도 차가운 추위를 다 견딘다. 양지에서 태어나면 뜨거운 여름 햇볕을 다 받으며 견딘다.

이처럼 주어진 환경을 탓하기보다는 주어진 환경을 어떻게 하면 극복할까를 생각하는 것이 나무다. 한마디로 주어진 자연환경에 대해서 창조적 응전으로 살아가는 것이 나무다. 나무는 아무리 척박한 환경이라도 한 번 뿌리를 내리기 시작하면 적응하기까지 모든 힘을 쏟아붓는다. 자신의 모든 힘을 한곳에 집중시킨다.

자 보라! 저 산 위의 나무를 보라. 얼마나 척박한 환경에서 자라고 있는지를 관찰해 본 적이 있는가? 얼마나 위험한 곳에서 성장하고 있는지를 생각해 본 적이 있는가? 나무는 사람들이 오르기 싫어하는 곳에도 자리를 지키고 서 있다. 저 높은 절벽 위에도 소나무는 의연히 서 있다.

나무는 사람들이 싫어하는 곳에도 자리를 지킨다. 추운 겨울날 날카로운 바람이 산등성이를 지나가는 그곳을 나무는 조용히 지키고 있다. 조용히 속으로 울면서도 밖으로는 소리를 내지 않는다. 그저 자기 자리를 견디고 있다.

그러나 역설적으로 들리겠지만 사람들이 생각하는 좋은 나무는 바위에서 자라거나 위험한 곳에서 자라는 나무들이다. 멋진 모습을 보여 주는 나무는 어려운 환경에서 자라는 나무들이다. 휘어지고 비틀려 있지만 그 풍채는 당당하기까지 하다. 고난을 견뎌 온 세월이 나무에게 준 상일지도 모른다.

주어진 환경에 만족할 줄 아는 나무처럼 살아가라. 한 번 자리 잡으면 불평하지 말고 소리 없이 성장해 가는 나무와 같은 삶을 살아 보라.

65. 사건을 다르게 바라보라

어떤 사건이 발생하면 좀 다르게 생각할 일이다(Think Different). 있는 그대로 보지 말고 적극적인 긍정의 눈으로 바라보라(Think Positive). 모든 사람들에게 똑같이 일어나는 사건에 대해서 어떻게 반응하느냐에 따라서 큰 차이를 가져올 수 있다. 상황에 어떻게 반응하느냐에 따라 큰 차이를 가져온다. 다음 이야기를 들어 보자.

91년 가을이었습니다. 연이은 태풍으로 일본 아오모리 현의 사과가 90% 정도 떨어져 버렸습니다. 애써 재배한 사과가 90%나 팔 수 없게 되자 사과를 재배하던 농민들은 기운을 잃고 한탄과 슬픔에 빠졌습니다. 하지만, 이때에도 결코 한탄하거나 슬퍼하지 않았던 사람이 있었습니다. '괜찮아, 괜찮아'라고. 사과가 다 떨어져서 팔 수 없게 되었는데도 그 사람은 왜 괜찮다고 한 것일까요?

바로 다음과 같은 생각 때문이었습니다. "떨어지지 않았던 나머지 10%의 사과를 '떨어지지 않는 사과'라는 이름으로 수험생에게 팔자. 1개당 만 원에." 조금은 엉뚱하죠? 그런데 보통 사과 가격의 10배 이상 비싼 그 사과가 날개 돋친 듯이 팔렸습니다. '떨어지지 않는 사과!'라는 이름 때문에 특히 수험생들에게 폭발

적인 사랑을 받았습니다. 그는 태풍으로 땅바닥에 떨어진 90%
의 사과를 의식하지 않고, 떨어지지 않은 10%의 사과를 보았던
것입니다.

　히스이 고타로, － 3초 만에 행복해지는 명언 테라피 － 중에서

　이처럼 어려운 상황에서도 다른 각도에서 바라본다면 결
과가 달라진다. 일어나는 일들의 현실을 보고 절망하지 말
고 현실 너머를 보는 상상력이 때로는 필요하다.

　끌어당김의 법칙이라는 것이 있다. 끌어당김의 법칙이란
이렇게 말할 수 있다. "긍정적인 것이든 부정적인 것이든,
내 삶은 내가 주의와 에너지와 집중력을 쏟는 대상을 자연
스럽게 끌어당긴다." 이른바 비슷한 것은 비슷한 것을 끌어
당긴다는 이야기다.

　자신이 긍정적인 사람이면 긍정적인 상황들이 자주 전개
되는 것을 보게 된다는 것이다. 브라이언 트레이시도 이에
동의한다. 그는 이렇게 말한다. "당신은 살아 있는 자석이
다. 당신의 생각에 어울리는 사람, 상황과 환경이 삶으로
자연스럽게 끌려오기 때문이다. 생각하는 모든 것이 당신의
삶에 실제로 일어난다."

　나는 이러한 끌어당김의 법칙, 긍정의 법칙을 전부 신뢰
하지는 않는다. 그러나 일부 끌어당기는 긍정의 법칙이 부
분적으로는 옳다. 그렇다. 자신이 사용하는 언어는 비슷하
게 상황과 사람들을 끌어오고 만나게 된다. 거짓말 같지만

사실이다. 긍정하면 긍정적인 일들이 더 많이 발생하는 것이 현실이다.

따라서 삶을 긍정적인 눈으로 바라보려고 노력해야 한다. 가능하면 긍정적인 사람이 되어 보라. 하지만 더 중요한 사실이 있다. 그것은 긍정이 마음의 독재자가 되지는 못하게 하는 것이다. 긍정의 독재자를 세워 놓으면 마음은 자유를 잃게 될 수 있다. 긍정주의자가 되려다가 우울 증세를 보일 위험이 더 커지게 된다. 가장 중요한 것은 마음의 자유다.

부정주의자는 좋지 않다. 그렇다. 가능하면 긍정의 길을 따라가되 긍정이 삶의 전부라고 생각하지는 마라. 다시 말하지만 중요한 것은 자유의 정신이다. 자유로워야 한다. 긍정하는 생각이 좋긴 하지만 그것 때문에 강박관념이 생겨서는 안 된다. 어떤 좋은 생각이라 할지라도 거기에 얽매이지 말고 자유롭게 선택하고 마음의 주인이 되어라. 그 길이 자유인이 걸어갈 자유의 길인 것이다. 할 수만 있다면 긍정하는 삶을 살되 긍정에 매여서 또 다른 노예는 되지 마라.

66. 다른 각도에서 삶을 바라보라

　오프라 윈프리는 마야 안젤루(Maya Angelou)에 관하여 이런 말을 했다. "마야 안젤루가 저의 또 다른 생에 있어서 제 어머니였다고 생각해요. 그녀를 깊이 사랑해요. 우리들 사이에는 연결시켜 주는 뭔가가 있어요. 아이를 낳는 것만이 꼭 엄마가 되게 하는 것은 아닌 것 같아요." 마야 안젤루가 누구였기에 오프라 윈프리는 어머니였다고 생각했을까?

　현재의 마야 안젤루는 웅변가이고 연극계 최고의 영예인 토니상과 에미상 수상자이자며, 50개가 넘는 명예학사 박위를 받은 박사, 배우, 교사, 희곡작가, 프로듀서, 그리고 베스트셀러 작가인 동시에 시민사회운동가이다. 그러나 이런 그녀의 화려한 경력 뒤에 숨은 인생편력 역시 다채롭기 그지없다. 그녀는 샌프란시스코 전차 운전사, 사창가의 마담과 나이트클럽 가수 등의 다양한 직업을 거쳤다. 그녀에게도 아픈 기억이 많이 있었던 것이다.

　특히 그녀는 어린 시절, 거의 5년 동안 누구와도 말하기를 거부하며 침묵에 빠졌었다. 이유가 있었다. 마야 안젤루는 일곱 살 때 어머니의 애인에게 강간을 당했던 것이다.

이 사건만으로도 어린 나이에 감당하기 벅찬 시련이었을 것인데, 더 큰 시련은 강간범이 누구인지를 가족에게 말한 후에 일어났다. 그녀가 강간범이 누구인지를 말한 지 얼마 되지 않아 범인이 시체로 발견되었던 것이다 어린 안젤루는 자신의 목소리가 사람을 죽였다고 생각하고 큰 충격을 받았다.

그때부터 그녀는 아무 말도 하지 않고 벙어리 아닌 벙어리가 되었다. 자신의 목소리가 사람을 죽이는 매우 위험한 것이라고 생각했기 때문이다. 이후로 그녀는 자기가 입을 열면 또 누군가가 죽을지도 모른다는 공포에 시달려야만 했다. 그렇게 그녀는 5년 동안이나 혼자 방 안에 처박혀 입을 닫아 버리고 말았다.

원래의 그녀는 천성적으로 아름다운 소리들을 좋아했고 말소리를 신비롭게 생각했다. 특히 그녀는 시를 좋아했다. 이 때문에 입을 굳게 닫은 채 혼자 앉아서 자기 자신을 거인의 귀라고 상상하며 온갖 아름다운 소리들을 머릿속에 흡입했다. 그렇게 5년이 흘렀을 때 누군가가 그녀에게 일깨워 주었다. "네가 진정으로 시를 좋아한다면, 목소리를 내어 시를 암송해야 한단다." 하고 말해 주었다.

그 말을 들은 안젤루는 자신의 아픔과 고통을 피하기 위해 더 이상 숨지 말고 이를 시로 승화-시켜야 한다고 생각했다. 이후 그녀는 자신의 저주받은 목소리가 어디선가 자기처럼 고통받는 사람들에게 도움이 되는 희망의 목소리로 바뀔 수도 있다고 깨달았다.

그 후 그녀를 일약 세계적인 명사로 만든 것은, 자신이 쓴 '새장의 새가 왜 우는지 나는 알지요 I Know Why the Caged Bird Sings'라는 책이었다. 이 책은 200만 부 이상 팔린 베스트셀러가 되었고, 그 덕에 그녀는 흑인 여성으로서는 최초로 세계적인 베스트셀러 작가 반열에 오를 수 있었다.

그녀에게 성공의 비법이 있다면 절망 속에서도 다시 도약할 방법을 발견했다는 데 있다. 안젤루는 이렇게 말한다. "싫어하는 것을 볼 때 나는 그것을 바꾸려고 합니다. 바꿀 수 없다면 그것을 보는 위치를 바꾸었죠. 어쩌면 다른 각도에서 바라봄으로써 나는 그것을 바꿀 수 있었을지 모릅니다. 당신이 원하는 방식으로 세상이 움직이지 않는다면 최선을 다해 노력했는데도 어떤 일을 성취할 수 없다면 당신은 스스로 그것을 보는 방식을 바꿔 보세요."

그녀의 방법은 옳다. 세상을 보는 방식을 바꿔보아야 한다. 무엇인가 끔찍한 사건이 일어났다면 그것을 고칠 수는 없다. 하지만 그 사건을 다르게 바라볼 수는 있다.

그렇다. 바라보는 각도를 바꿔야 한다. 마야 안젤루는 이렇게 권한다. "지난 일을 되돌릴 수는 없다. 그러나 그 끔찍한 고통을 용기로 맞선다면 두 번 다시 재현하지 않을 수 있다." 용기를 가지고 다시 일어서라.

67. 절망하지 말고 희망을 보라

아무리 어려운 상황일지라도 바라보는 시각이 다르며, 반응을 다르게 한다면 삶은 희망을 품을 수 있다. 제2차 세계 대전 당시, 아우슈비츠에서 죽음의 공포와 싸우며 견뎌야 했던 빅터 프랭클 박사는 열악한 환경에서 살아야 했다. 그는 살아남기 위해서 살아가는 이유와 의미를 찾아야만 했다. 절망 속에서도 적극적으로 행동을 실천에 옮겼다.

> 가능하면 매일같이 면도를 하게. 유리 조각으로 면도를 해야 하는 한이 있더라도, 그것 때문에 마지막 남은 빵을 포기해야 하더라도 말일세. 그러면 더 젊어 보일 거야 뺨을 문지르는 것도 혈색이 좋아 보이게 하는 한 가지 방법이지.
> 빅터 프랭클. - 죽음의 수용소에서 - 중에서

빅터 프랭클은 의식적으로 면도를 했다. 그는 일을 잘할 수 있으리만큼 건강한 사람으로 보이길 원했다. 그가 이렇게 한 이유는 병든 사람들은 공포의 가스실로 끌려가 죽음의 연기로 사라졌기 때문이다. 그는 사력을 다해서 건강한 사람의 모습으로 만들려고 노력했다.

그뿐만 아니다. 먹는 것도 주의 깊게 나누어 먹었다. 배가 고파도 참고, 또 인내했다. 한꺼번에 먹으면 그다음이 문제였다. 주의 깊게 빵도 나누어 먹었다.

> 외투 주머니 안에 있는 빵을 장갑도 끼지 않은 언 손으로 살살 만지다가 손톱만큼 떼어서 먹어 보고, 그러다가는 마지막 남은 의지력으로 빵을 도로 호주머니에 넣으면서 오후까지 참겠다고 수없이 자기 자신에게 다짐하는 그런 상황을 말이다.
>
> 빅터 프랭클, −죽음의 수용소에서− 중에서

빅터 프랭클처럼 처참한 환경 속에서도 살아야 할 이유와 의미를 찾고 음식도 절제하고 매일 면도를 하는 사람이 있었던 반면에 아예 포기하는 사람들도 속출했다. 열악한 환경이 계속되면서 삶의 비상구가 보이지 않자 많은 사람들은 희망의 끈을 놓았던 것이다.

죽기를 각오한 사람들은 미래에 대한 희망을 포기한 채로 어떤 도움도 모두 거절했다. 자포자기하고 말았다. 심지어 자기가 싼 배설물 위에 그냥 그렇게 누워 있으려고만 했다. 세상 어떤 것으로부터도 더 이상 간섭받지 않고 편안한 상태를 유지하려고만 했다. 이 자세는 곧 죽음으로 가겠다는 자세나 다름이 없었다.

프랭클 박사의 한 친구도 절망 속에서 죽었다. 친구는 수용소에서 나갈 수 있으리라는 희망을 가졌지만 기대했던 해방의 날이 오지 않았다. 그 친구는 몹시 절망했다. 이때부터 잠재해 있던 발진티푸스균에 대항하던 그의 저항력이 갑자기 떨어졌다. 마음을 놓자 육체의 저항력이 약해지고 천천히 죽어 갔다.

수용소에서 이렇게 많은 사람들이 전쟁이 곧 끝날 것이라고 들었던 낙관적인 소문이 오히려 사람들의 마음에 실망을 안겨 주었다. 그들에게 해방은 오지 않았다. 해방이 되지 않자 시간이 흐르면서 희망을 포기해 갔다. 절망한다는 것은 사람들에게 곧 죽음을 의미했다.

열악한 환경이지만 죽음의 수용소에서 다른 반응을 보여 준 사람들도 있었다. 그들은 강제수용소의 막사를 지나면서 다른 사람들을 위로하거나 마지막 남은 자신의 빵을 나누어 주었던 사람들이었다. 자기도 배고프고 어려운 상황인데도 불구하고 오히려 마지막 남은 자신의 빵을 타인에게 건네 준 사람들이 있었다.

빅터 프랭클 박사는 이 사건들을 목격하고 다음과 같이 기록했다. "진리란 인간에게 모든 것을 빼앗아 갈 수 있어도 단 한 가지, 마지막 남은 인간의 자유, 주어진 환경에서 자신의 태도를 결정하고, 자기 자신의 길을 선택할 수 있는 자유만은 빼앗아 갈 수 없다는 것이다." 이렇게 이들은 혹독한 상황 속에서도 참인간, 참자유인임을 보여 주며 생존해 냈다.

　인간에게는 자기 결정권이 있다. 자기 결정권이 인간을 진정한 인간 되게 만든다. 아무리 열악한 환경일지라도 인간은 고귀한 것, 가치 있는 것, 의미로 가득 찬 행동을 선택할 수 있는 자유로운 존재다. 우리에게 주어진 자기 결정권의 힘을 지혜롭고도 참인간답게 사용할 수 있어야겠다.

68. 스톡데일 패러독스(Stockdale Paradox)

　현실을 대할 때는 지나친 좌절을 경계하되 지나친 낙관도 경계해야 한다. 다른 말로 바꿔서 말하자면 긍정하되 긍정이 마음의 독재자가 되게 해서는 안 된다. 긍정적 삶은 좋다. 그러나 긍정을 마음에 강요하는 것은 옳지 못하다. 마음이란 긍정과 부정이 함께 사는 집이다. 할 수 있으면 긍정하되 반면에 열악한 현실도 바로 볼 수 있어야 한다.

　냉혹한 현실을 보는 바른 눈을 길러야 한다. 스톡데일 패러독스(Stockdale Paradox)란 말은 우리가 처한 현실을 어떻게 바라보아야 하는지 많은 가르침의 빛을 던져 주고 있다.

　제임스 B. 스톡데일(Jim Stockdale)은 베트남 전쟁 당시 하노이 힐튼 포로수용소에 갇혔던 미국의 해군 제독이었다. 1965년부터 8년간 옥살이를 한 그는 4년간의 독방 신세와 20여 차례의 고문을 견뎌야 했다. 전쟁포로의 권리도 보장받지 못하고 정해진 석방일자도 없었다. 암울한 시간들을 스스로의 힘으로 보내야 했다.

많은 미군 포로들은 죽어 나갔다. 죽어 간 사람들의 공통점은 막연한 낙관주의자들이었다는 점이다. "크리스마스 또는 부활절에 석방되겠지."라는 막연한 희망을 가졌던 사람들은 하루하루 날짜가 지나가자 견디지 못하고 죽어 갔다.

스톡데일은 감옥에서 견디지 못하고 죽어 간 자들에 대해서 이렇게 말했다. "막연한 낙관주의자들이 견디질 못했습니다. 그들은 '크리스마스 때까지는 나갈 거야.' 하고 기대했지만 현실은 달랐습니다. 다시 그들은 '부활절까지는 나갈 거야.'라고 말했지만 부활절에도 아무런 일이 일어나질 않았습니다. 그들은 기다림 속에서 지쳐 죽어 갔습니다."

스톡테일은 자신이 견딜 수 있었던 요인에 대해서 "수용소를 나갈 수 있다는 믿음을 잃지 않으면서도 냉혹한 현실을 있는 그대로 받아들이고 대비한 게 생존의 원동력이었습니다."라고 말했다.

냉혹한 현실을 받아들이되 미래의 희망을 함께 품은 사람만이 끝까지 살아남는다. 스톡테일은 우리에게 "우린 크리스마스까지 나가지 못할 겁니다. 그에 대비하세요."라고 권고하고 있다.

우리 삶의 어려움은 계속될 것이다. 하지만 결국에는 목적지에 이를 것이다. 희망의 끈을 놓지 말아야 한다. 우리 앞에 있는 현실을 받아들이되 희망의 끈을 놓지 않는 사람들만이 결국 목적지에 도달하게 될 것이다.

69. 민들레처럼 뿌리를 깊게 내려라

우리가 살아가는 이 땅 산하에서 흔하게 볼 수 있는 식물이 민들레다. 흔하다고 민들레를 얕잡아 보지는 말아야 한다. 예로부터 이렇게 흔하디흔한 민들레에게 배울 점이 많다고 했다. 옛사람들은 민들레를 말할 때 아홉 가지 덕을 지녔다고 말했다. 그 아홉 가지 덕이란 무엇인가? 무엇이 민들레로 하여금 덕을 지닌 식물이라고 불리게 했을까?

첫째, 민들레는 나쁜 환경에도 불평하지 않고 뿌리를 내린다. 이것을 인(忍)이라 한다.

둘째는 뿌리가 잘려 나가도 새싹이 돋는 것을 강(剛)이라 한다.

셋째는 꽃이 한 번에 피지 않고 차례로 피는 것을 예(禮)라 한다.

넷째는 여러 용도로 사용되니 온몸을 다 바쳐 기여한다 하여 용(用)이라 한다.

다섯째는 꽃이 많아 벌을 부른다 하여 덕(德)이라 한다.

여섯째는 줄기를 자르면 흰 액이 젖처럼 나와 어머니를 생각나게 한다 하여 자(慈)라 한다.

일곱째는 약으로 이용하면 노인의 머리를 검게 한다 하여 효(孝)라 한다.

여덟째는 흰 액은 모든 종기에 효험이 있다 하여 인(仁)이라 한다.

마지막으로 씨앗은 스스로의 힘으로 바람을 타고 멀리 날아가 새로운 후대를 만든다 하여 용(勇)이다.

그 누가 민들레의 아홉 가지 덕을 생각해 냈을까? 생각해 보면 깊은 통찰력이라 할 수 있다. 나는 민들레의 첫째 항목인 나쁜 환경에도 불평하지 않고 뿌리를 내리는 모습에 마음이 더욱 끌린다. 환경을 불평하지 않고 뿌리내리는 힘이 곧 민들레로 하여금 덕 있는 모습으로 보이게 한 원동력일 것이다.

삶이란 자신이 서 있는 자리를 스스로 결단력을 발휘하여 살아가는 과정이다. 자신의 자리는 스스로 선택하고 결단함으로써 결정되어야 한다.

민들레처럼 자신이 처한 환경을 긍정하고 결단할 때 진정한 힘이 나온다. 자신의 삶을 긍정하려면 먼저 용기가 필요하다. 이 길밖에 갈 수 없다는 용기에서 결단이 나온다. 힘들어도 올라가고 편해도 쉬지 않겠다는 각오에서 용기가 생긴다.

과연 절망 속에서도 희망을 잃지 말아야 한다. 자기가 처한 환경을 충분히 받아들이고 응용할 줄 알게 될 때 희망의 싹이 튼다. 식물들 중에서는 절망적인 상황을 이용하여 번식의 기회로 삼는 식물들이 있다. 이들은 척박한 환경, 절망의 환경을 기회로 삼는다.

어떤 식물들은 유독 산불이 날 때를 신호로 삼아서 싹을 내기도 한다. 이들은 산불이 날 때 나무를 불태우며 발생하는 가스를 이용하여 이것을 일종의 신호로 받아들이고 씨앗들을 깨운다. 이 식물들은 산불이 맹렬해야만 싹을 내는 것이다.

예를 들어 방크스 소나무의 솔방울은 산불과 같은 고온에서만 터지도록 만들어졌다. 이들은 산불이 나면 씨앗이 날아갈 기회를 얻게 된다. 다른 나무들은 위기 속에서 소멸되지만 이들은 특이하게도 위기를 기회로 삼는다. 화재 후에 더 많이 번성하게 되는 기회를 잡게 되는 것이다.

절망하지 마라. 위기를 기회로 삼아라. 불길을 이용하여 번성하는 방크스 소나무처럼 위기를 이용하라. 위기가 곧 기회라는 말은 여전히 사실이다.

70. 결정이란 결국 자기 선택임을 기억하라

심리학에서는 '네거티브 효과'라는 것이 있다. '네거티브 효과'라는 것은 '마이너스 효과'라고 부르기도 한다. 그렇다면 네거티브 효과란 무엇인가? 예를 들면 어떤 사람이 좋은 특성과 나쁜 특성을 동시에 가졌을 때 나쁜 특성을 보고 느끼는 효과가 더 크다고 한다. 이렇게 나쁜 특성을 먼저 보고 평가하게 되는 효과를 네거티브 효과라고 한다. 한마디로 네거티브 효과란 부정적인 것을 먼저 보는 마음의 특징이라고 할 수 있다.

네거티브 효과로 볼 때 인간은 긍정적 자세보다 부정적 자세를 취하기 쉽다. 마음은 자연스럽게 부정적인 방향으로 흘러가려고만 한다.

다음의 실험을 보면 인간의 두 마음을 알 수 있다. 아오키 사토시는 『성공 심리학』에서 이런 예를 든 적이 있다.

어느 도시에 술을 지나치게 좋아하는 한 남자가 있었다. 매일 술에 절어 사는 그에게는 쌍둥이 아들이 있었다. 같은 아버지 밑에서 자랐지만 두 아들은 서로 다른 모습으로 성장하였다. 세월이 흐른 뒤 아들 중 한 명은 뛰어난 변호사가 되었는데, 그는 술을 전혀 입에 대지 않았다. 그에 반해 다른 한 명은 아버지와 마찬가지로 매일 과음을 일삼는 남자로 성장하였다. 어느 날, 기자가 두 사람에게 물었다. "당신은 왜 이런 삶의 방식을 선택하였습니까?" 두 사람은 이구동성으로 이렇게 대답했다. "저런 아버지 밑에서 이 밖의 삶의 방식이 가능하겠습니까?"

아오키 사토기. −성공 심리학 − 중에서

이 이야기에서 보듯이 쌍둥이 중 한 아들은 술을 너무 좋아하는 아버지라는 환경을 보면서 자신도 술꾼이 될 수밖에 없다는 자기변명의 기회로 삼았다. 분명히 한 사람은 네거티브 효과에 빠져 있었다.

하지만 또 다른 쌍둥이 아들은 술꾼 아버지의 모습을 보면서 나는 아버지처럼 되지 않겠다고 결심하고 운명을 개척하는 도전을 선택한다. 결국 자신의 환경을 변호사가 되는 성공의 발판으로 만들었던 것이다.

우리는 운명을 탓하기보다는 자신의 운명을 어떻게 창조적으로 디자인할 것인지를 먼저 선택해야 한다. 자신의 삶은 자신이 결정하는 것이다. 그것이 소극적인 선택이든 적극적 선택이든 결국 내 자신의 고유한 삶이 된다. 지금 선택하고 있는 마음의 자세가 영원한 족적을 남기게 되는 것이다. 어떻게 할 것인가? 먼저 내 삶을 포용하고, 인정하며 사랑하는 눈으로 삶을 바라볼 일이다.

71. 이제부터는 희망을 품고 살 것이다

　유태인 소녀였던 안네 프랑크가 나치의 유태인 학살을 피해 다락에 숨어 살았다. 그때의 생활을 기록한 안네 프랑크의 일기에는 이러한 내용이 있다.

　드디어 숨어 있던 은신처가 발각되어 게슈타포가 문을 부수는 요란한 소리가 울려올 때 아버지 오토 프랑크는 가족들에게 말했다. "지난 2년 동안 우리는 공포 속에서 살아왔지만 지금부터는 희망을 품고 살게 되는 거야."

　아버지 오토 프랑크의 말 속에는 진정한 통찰력이 깃들어 있다. 숨어서 지낼 때에는 공포의 연속이었다. 숨어 살면 붙잡혀 살 때보다는 더한 공포 속에서 생활하게 된다. 하지만 붙잡힌 이상 더 이상 공포 속에서 지내지는 않는다. 오히려 이제는 어떻게 하면 확실하게 살아남을 것인지만 희망하게 만든다. 마음속에는 오직 희망만이 남게 된다.

　막연한 두려움을 깨고 나오라. 어두움 속에서 떨지 말고 나오라. 막연한 공포가 짓누르지 못하도록 운명을 스스로 결단하고 책임지도록 하라.

72. 머피의 법칙을 간파하라

'머피의 법칙'이란 일이 좀처럼 풀리지 않고 오히려 갈수록 꼬이기만 하는 현상을 두고 머피의 법칙이라고 한다. 머피의 법칙에 따르면 잘못될 가능성이 있는 것은 반드시 잘못된다. 예를 들면 "내가 우산을 안 가지고 간 날은 꼭 비가 온다."가 대표적인 머피의 법칙이다.

머피 법칙의 반대 개념으로는 '샐리의 법칙'이 있다. "횡단보도에 도착하자마자 파란불이 켜진다." "날씨가 흐려 조마조마했는데 집에 들어오자마자 비가 내린다.", "맑은 날 우산을 들고 나왔더니 갑자기 소나기가 쏟아진다." 이렇게 일이 순조롭게 풀리는 것을 샐리의 법칙이라고 부른다.

그렇다면 우리의 삶은 보편적으로 어떤 법칙이 지배하고 있는 것일까? 필자가 경험한 원목으로 활동했던 병원이라는 공간에서 발생한 일들을 보면 대부분 더피의 법칙이 지배하고 있었다. 심각한 사건이 한 가지 발생하면 연이어 더 큰 사건들이 일어나곤 했다.

내가 박현종 씨(가명)를 처음 만났을 때는 그의 뇌종양이 상당히 진행되었을 때였다. 박현종 씨를 만났을 때의 첫 느낌은 '투박함'이었다. 그 투박함 속에는 대범하면서도 진실한 모습이 엿보였다. 얼굴은 남보다 컸고 방사선 치료를 하기 위해서 머리도 짧게 깎은 모습이 강렬했다.

어느 날 그는 나를 찾아와서 심각한 표정으로 말했다. "문제가 생겼어요, 아시다시피 제가 병원에 입원해서 힘들게 투병 중인데 간병하던 아내가 교통사고를 당했대요. 지금 수술하려고 병원 중환자실에 들어갔어요." 그의 얼굴은 이미 잿빛으로 변해 있었다.

나는 그를 바라보며 가능한 한 그가 흥분하지 않도록 침착하게 물었다.

"지금 아내가 어디에 있다고요?"

"중환자실에요."

"그럼, 제가 지금 중환자실에 들어가 볼게요, 잠시 기다리고 계세요."

잠시 후 필자는 중환자실에서 누워 있던 그의 아내를 만났다. 그녀는 교통사고를 당해서 의식을 잃고 혼절해 있었다. 다리며, 얼굴이며, 손이며, 모두가 엉망이었다.

그의 아내를 보는 순간 막막했다. 어떻게 이런 일이 발생한단 말인가? 엎어져도 코가 깨진다는 말이 이런 일을 두고 하는 말이라는 생각이 들었다.

박현종 씨는 자신의 몸 하나도 추스르기도 어려운 상황이었다. 뇌종양 때문에 복도를 걷다가 순간에 정신을 잃고 넘어지기가 일쑤였다. 이 때문에 머리가 시퍼렇게 멍들기가 수차례였고 몸도 멍이 들어서 엉망이었다. 그의 몸은 성한 곳이 없을 정도였다.

　병든 자신을 간병하던 아내가 교통사고를 당했으니 어찌해야 할까? 뒤로 넘어져도 코가 깨진다는 말이 있듯이 그에게 감당하기 힘든 일이 또 일어났다.

　아내가 중환자실에 있다는 말은 곧 자신을 간병해 줄 사람이 이제는 없다는 뜻이 되기도 했다. 그것만이 아니라 이제부터 박현종 씨가 직접 아내를 간병하야 하는 것을 의미하기도 했다. 환자가 또 다른 환자를 돌봐야 하는 상황이 된 것이다.

　이때부터 박현종 씨의 삶은 어려움의 연속이었다. 아내를 돌보랴, 자신의 뇌종양 투병을 하랴, 박현종 씨는 점점 지쳐 갔다.

　이렇게 내가 경험한 병원이라는 곳에서는 큰 사건들은 가혹하리만치 한꺼번에 닥쳐서 오는 경우가 많았다. 박현종 씨의 경우처럼 한 가지 불행만 삶에 찾아오지 않았다. 두세 가지의 큰 사건들이 연달아 발생했다. 나의 경험에 의하면 이처럼 사건은 감당할 수 없을 정도로 몰아친다. 숨을 돌릴 여유를 주지 않았다.

사람들은 지금 경험하는 절망이 절망의 밑바닥이라고 생각한다. 오해다. 아직도 절망의 바닥은 드러나지 않았다. 운명은 인간의 인내심을 시험한다. 운명은 사람에게 극단의 인내를 또다시 요구한다. 이것도 풀어 보라고 시험문제를 또 낸다. 과연 풀 수 있겠는가?

남극의 극지점 탐험을 시도했던 스콧을 기억하는가. 아문젠팀은 1911년 12월 21일 이미 도달했고, 뒤늦게 스콧팀은 1912년 1월 17일 각각 남극에 도달했다. 총 5명으로 구성되었던 스콧 남극점 원정대는 극한의 추위와 굶주림, 탈진 속에서 한 사람씩 죽어 갔다. 스콧과 함께 남아 죽음을 기다리던 대원들도 최후까지 모르핀 투입을 거부한 채 추위 속에서 죽음을 맞았다.

스콧의 대원들은 놀라운 인내와 용기로 극지점을 향해 전진했지만 가혹한 시련 앞에서 죽어 가야 했다. 스콧은 마지막 메모에 이렇게 기록했다.

"우리가 살아 돌아갈 수 있었다면 나는 동료들의 고난, 인내, 용기에 대해 이야기했을 것이다. 그것은 진실로 모든 영국인의 심금을 울렸을 것이다. 그러나 이 서툰 메모와 우리의 시체는 처량함을 불러일으킬 뿐이다."

– 스콧 –

극단의 시련 앞에서 인내하고 견딘 스스로의 사람들. 그

러나 그들은 차디찬 운명의 시련을 통과하지 못했다. 너무
도 극단적인 운명이 그들을 밟고 지나갔던 것이다. 한 가지
문제가 아니라 연속해서 발생하는 문제들이 그들을 죽음으
로 몰고 간 것이다.

73. 간절함으로 상황에 적응하라

그렇다면 어떻게 할 것인가? 가혹한 운명의 바람이 불어오는 삶이라면 어떻게 처신해야 하는가? 사막에서 자라는 선인장의 운명을 생각해 보자. 선인장이 처한 환경은 혹독한 환경이다.

사막에서 자라는 식물, 선인장을 생각해 보면 "선인장은 위대하다."라는 말이 절로 나온다. 선인장은 사막의 모래바람이 불어오는 곳, 강렬한 태양빛으로 생존하기 어려운 곳에서 성장한다.

선인장은 사막의 기후에 적응하기 위해 잎을 가시로 바꾸었다. 넓은 이파리를 줄여서 가시들로 바꾸었다. 사막에서 수분을 뺏기지 않기 위해서다. 생존을 위해서 불필요한 것은 모두 줄였다. 이렇게 변화해서 선인장은 사막에서도 자라난다.

선인장은 험한 환경에서도 잘 적응하며 살아간다. 선인장에게 위기는 피할 수 없는 운명이다. 피할 수 없는 운명이라면 그 운명에 순응하며 살아가는 것이 선인장이 세운 삶의 원칙이다.

칼라일은 "길을 가다가 돌이 나타나면 약자는 그것을 걸림돌이라고 말하고, 강자는 그것을 디딤돌이라고 말한다."라고 했다.

환경을 탓하지 마라. 오히려 그 환경을 디딤돌로 만들라. 비록 어려운 상황일지라도 절망하지 마라. 오히려 자기 존재의 부피를 줄이고 혹독함에 적응해 보라.

자신이 처한 환경을 원망하지 마라. 온전히 순응할 때 길이 열린다. 살길이 열리는 것이다. 혹독한 환경에 순응하되 꿈은 포기하지 마라. 몸은 낮은 곳에서 살아도 희망은 높은 곳에 두어야 한다.

74. 그것을 간절히 원하라 – 피그말리온 효과

　어쩔 수 없는 상황에 직면한다면 당신은 어떻게 하겠는가? 도전하고 받아들이지 않겠는가? 아니면 있는 그대로를 수용하고 순응할 것인가? 어떻게 할 것인가?

　피그말리온(Pygmalion) 효과라는 것이 있다. 이 이론의 배경은 이렇다. 그리스 신화에 피그말리온이라는 조각가가 있었다. 여자와 잘 사귀지 못하여 평생을 혼자 살 수밖에 없다고 스스로 생각을 했다. 그러던 어느 날 상아로 아름다운 여인 조각상을 만들었다. 자신이 만들어 놓고 보아도 너무나도 완벽한 아름다운 여인상이었다. 그래서 혼자 안아 보기도 하고, 옷도 입혀 보고 어울릴 만한 선물도 만들어 걸기도 했다.

　마치 자신의 아내가 된 듯이 끝없는 사랑의 애착을 가지게 되었다. 그러던 어느 날 키프로스 섬에서 사랑의 여신 축제가 열리게 되었다. 피그말리온은 그 축제의 제단 앞에서 간절히 기도를 했다. "저 조각 같은 여신을 저에게 주시

옵소서." 집에 돌아온 피그말리온은 그 여인의 조각상에게 입을 맞추었다.

그런데 놀라운 일은 입을 맞추는 입에서 따뜻한 온기가 전해졌다. 그리고 손을 만졌는데 체온이 느껴졌다. 가슴에 손을 대어 보니 심장까지 뛰는 것이었다. 자신이 꿈에 그리던 것이 현실로 이루어진 것이었다. 이 여인이 바로 갈라테이아다. 생각하던 대로 이루어진 것이었다. 기적과 같은 일이었다. 이것을 심리학에서는 '피그말리온 효과'라고 부른다.

이처럼 피그말리온 효과란 누군가에 대한 사람들의 믿음, 기대, 예측이 대상에게 그대로 실현되어 나타나는 현상을 가리키는 말이다. 처음에는 어떤 결과를 전혀 기대하기 어려웠던 상대자가 진심으로 믿음을 주고 기대를 거는 행동을 해 줌으로써 결과적으로 상대를 자신의 기대대로 변하게 만드는 현상을 말한다. 인간이 지닌 신기한 능력의 교감으로 얻어 내는 효과인 것이다.

일찍이 피그말리온 효과는 미국의 교육학자인 로젠탈(R. Rosenthal)과 제이콥슨(L. F. Jacobson)이 주창했다. 이들은 1968년 샌프란시스코의 한 초등학교에서 전교생을 대상으로 지능검사를 하였다. 그리고 이 검사의 실제점수와는 상관없이 무작위로 뽑은 학생들의 명단을 교사들에게 통보하면서, '지적 능력이나 학업 성취의 향상 가능성이 높다고 객관적으로 판명된 학생들'이라는 거짓정보를 흘렸다. 그리고는 다시 전체 학생들의 지능검사를 재실시하여 비교해 보았는데 그 결과는 놀라웠다. 명단에 속한 학생들의 성적이 큰 폭으로 향상된 것이다. 지속적인 기대와 칭찬이 있었기 때문이다.

이러한 현상에는 중요한 전제조건이 있다. 믿음과 기다림을 가진다면, 긍정적인 기대로 인한 엄청난 결과를 볼 수 있다는 것이다. 마음이 간절하다면 상황은 변화할 수 있다. 간절한 마음은 때론 기적을 일으키기도 한다.

여기 하나의 예가 있다. 디팩 초프라는 '마음의 기적'에서 이런 이야기를 들려주고 있다.

사람은 모두가 달리기를 하면 피곤하다는 사실을 받아들인다. 이것은 생리적인 현상으로 몸이 그렇게 반응하는 것이 사실이다. 하지만 멕시코의 시에라마드레 지역에 사는 인디언들은 엄청난 거리, 때로는 80km 이상 달리는 것을 정상적인 것으로 간주한다고 한다.

그 부족의 모든 사람들이 달리기를 좋아한다. 마라톤의 두 배나 되는 거리를 달린다는 것은 우리로선 상상조차 하기 힘들다. 그들은 심지어 달리면서 공을 차기도 한다.

미국의 한 생리학자가 그 경기가 끝나자마자 우승자의 심장박동을 측정해 보았다. 측정 결과, 그의 심장은 출발 때보다 더 천천히 뛰고 있었다. 믿을 수 있겠는가? 그러나 사실이다. 마음의 습관을 다스린다면 인간에게 불가능한 일들도 가능하다. 간절한 마음, 기대하는 마음, 희망을 품어라. 기적은 언제나 가능하다.

75. 다시 태어나라

"알프레드 노벨 사망하다." 신문을 펼쳐 든 노벨은 깜짝 놀랐다. 자신의 사망기사가 실려 있었기 때문이다.

잠시 후 그는 한 번 더 놀랐다.

"죽음의 사업가, 파괴의 발명가, 다이너마이트의 왕이 죽다." 이렇게 적혀 있었기 때문이다.

다음 날 이 기사는 오보임이 밝혀졌다. 프랑스 한 기자가 동명이인의 죽음을 잘못 알고 보도한 것이다. 그러나 헤어나지 못할 충격을 받은 노벨은 다시 충격에 휩싸였다.

그는 후세에 자신의 평가를 '죽음의 사업가'나 '파괴의 발명가'라는 오명을 남기고 싶지 않았다. 그는 고민하던 중에 자신의 모든 재산을 기금으로 내놓기로 결정했다. 그는 이렇게 말했다. "평화와 인류번영을 목적으로 하는 노벨상을 만들어 주시오."

노벨은 자신의 삶을 다시 살기를 바랐다. 사람들에게 탐욕스러운 부자로 남는 것을 두려워했다. 그리고 삶의 방향을 바꾸었다.

우리도 노벨처럼 삶의 방향을 바꿀 수 있다. 지금까지 생각해 보지 않았던 가치를 깨닫고 그 가치에 헌신할 수 있다. 의미 없는 가치를 추구하면서 살았다면 지금이라도 진정한 가치를 찾을 수 있다.

김선호 ──

▌약 력

김선호는 2002년부터 단국대학교 의료원에서 원목으로 활동했다. 병원이라는
닫힌 공간 안에서 아픈 환우들과 더불어 기쁨과 슬픔을 나누어 왔다. 이때 죽
음에 이르는 환우들의 하루하루의 일상생활에 동행해 왔다.

저자는 그동안 소중한 한 사람, 한 사람의 죽음을 지켜보며 평범한 진리를 깨
달아 왔다. 예외 없이 우리 모두가 죽는다는 지극히 평범하면서도 당연한 사실
을 새롭게 깨달을 수 있었다. 평범한 삶을 잘 사는 것이 결국은 잘 죽는 것이
라고 저자는 전해 준다. 따라서 현재 우리에게 주어진 시간들을 소중하게 여기
라고 당부한다.

현재 저자는 글쓰기를 통해서 삶의 이야기들을 쉽게 풀어내는 작업을 진행하
고 있다. 그는 오랜 시간 동안 삶의 문제들을 깊게 통찰하며 실타래를 쉬운 글
로 풀어내려는 노력을 진행하고 있다.

저술한 책으로는 『하늘지혜』, 『자연에게 배우는 77가지 이야기』, 『모순의 땅
을 걸어가다』, 『깊은 맛이 배이기까지』, 『대안체제와 사회적 영성』, 『예수의
엑소시즘 바로보기』 등이 있다.

서울신학대학교와 대학원을 거쳐 신학수업을 받았고, 이후 호서대학교 연합신
학대학원에서 신약학을 전공으로 박사학위(Ph.D)를 받았다.

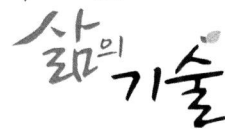

마지막을 빛나게 하는
삶의 기술

초판인쇄 | 2009년 12월 15일
초판발행 | 2009년 12월 15일

지은이 | 김선호
펴낸이 | 채종준
펴낸곳 | 한국학술정보㈜
주　소 | 경기도 파주시 교하읍 문발리 파주출판문화정보산업단지 513-5
전　화 | 031) 908-3181(대표)
팩　스 | 031) 908-3189
홈페이지 | http://www.kstudy.com
E-mail | 출판사업부 publish@kstudy.com
등　록 | 제일산-115호(2000. 6. 19)

ISBN　978-89-268-0613-5 03100 (Paper Book)
　　　　978-89-268-0614-2 08100 (e-Book)

이담 books 는 한국학술정보㈜의 지식실용서 브랜드입니다.